FILHOS DO CÉU

De Edgar Morin:

Amor Poesia Sabedoria

A Cabeça Bem-feita

Ciência com Consciência

Meus Demônios

A Religação dos Saberes

O Mundo Moderno e a Questão Judaica

Michel Cassé
Edgar Morin

FILHOS DO CÉU
entre vazio, luz e matéria

Tradução
Edgard de Assis Carvalho
Mariza Perassi Bosco

Copyright © Odile Jacob, 2003

Título original: *Enfants du ciel*

Capa: Evelyn Grumach/eg design

Editoração: DFL

2008
Impresso no Brasil
Printed in Brazil

CIP-Brasil. Catalogação na fonte
Sindicato Nacional dos Editores de Livros, RJ

C337f Cassé, Michel, 1943-
Filhos do céu: entre vazio, luz e matéria/Michel Cassé, Edgar
Morin; tradução Edgard de Assis Carvalho, Mariza Perassi Bosco.
– Rio de Janeiro: Bertrand Brasil, 2008.
128p.

Tradução de: Enfants du ciel: entre vide, lumière, matière
ISBN 978-85-286-1352-0

1. Cosmologia – Obras populares. I. Morin, Edgar. II. Título.

08-3799

CDD – 523.1
CDU – 524.8

Todos os direitos reservados pela:
EDITORA BERTRAND BRASIL LTDA.
Rua Argentina, 171 — 1º andar — São Cristóvão
20921-380 — Rio de Janeiro — RJ
Tel.: (0xx21) 2585-2070 — Fax: (0xx21) 2585-2087

Não é permitida a reprodução total ou parcial desta obra, por
quaisquer meios, sem a prévia autorização por escrito da Editora.

Atendemos pelo Reembolso Postal.

SUMÁRIO

Prefácio... 7

1 — A revelação do vazio................................. 17
   Por um pensamento fisicista do mundo............ 19
   Uma equação em forma de poema.................. 23
   Tempos e revoluções...................................... 26
   Quando a matéria fala.................................... 28

2 — Abordagens do invisível............................ 35
   A marca da matéria.. 37
   Mensageiros cósmicos..................................... 40
   Excelência do zero.. 43
   Ordem e desordem.. 47
   De um a dois... 50

3 — O universo como história 55

Escriba da natureza 57

Além das leis 60

Carbono, DNA e acaso 62

Uma curiosidade original 65

A memória da memória 67

O elogio da religação 70

4 — A flecha do tempo 75

Um retorno paradoxal 77

Sobre a eternidade e a entropia 81

Quando morrem os astros 83

O círculo e a espiral 87

A consciência como emergência 90

5 — Rumo ao *antropo-cosmo* 95

A expansão, a frenagem e a aceleração 97

As dimensões do futuro 100

Conhecer de outra forma 104

A natureza humana do mundo 108

Celebração da ciência 112

Posfácio 115

PREFÁCIO

Desde a Antiguidade, as sociedades humanas elaboraram concepções a respeito de um universo no qual cada uma delas se inscrevia. Essas sociedades modelaram sua organização de acordo com a ordem cósmica: seus calendários foram estabelecidos com base nos ciclos solares e lunares, e os solstícios inspiraram grandes festas de regeneração comunitária. Os mitos e as religiões transfiguraram as estrelas e os planetas em deuses e deusas. O Sol e a Lua encarnaram e se personificaram em figuras divinas, como Ísis, Ishtar, Astarte, Selene, Febo e Apolo, e os humanos jamais cessaram de pedir ajuda e proteção às suas divindades celestes. Certas sociedades desenvolveram um sentimento de solidariedade tão natural com o cosmo que praticaram ritos monumentais para impedir o Sol de se extinguir e, assim, regenerá-lo. Sobre o

CASSÉ & MORIN · *Filhos do Céu*

teocal do México, os sumos sacerdotes astecas sacrificavam centenas de adolescentes arrancando-lhes o coração.

É impressionante que as mais remotas civilizações da Antiguidade, como as da China, Egito, Caldéia e Assíria, tenham desenvolvido correlativamente a astronomia e a astrologia. Atualmente, nas civilizações individualizadas, a astrologia concentra-se sobre o caráter e o futuro de cada um, estabelecidos pelos horóscopos. Além do público das mídias, ela experimenta até mesmo um vigoroso renascimento entre os profissionais que dependem do acaso (políticos, atores de cinema, homens de negócios). Outrora, porém, inseparável da astronomia, a astrologia estabelecia a influência direta dos planetas, não apenas sobre o destino dos indivíduos, mas, também, sobre o das sociedades.

Todas as mitologias debruçaram-se sobre o mistério das origens do universo e cada uma delas narrou o acontecimento primordial à sua maneira. A despeito da diferença radical que iremos assinalar, destaquemos a analogia, tão pouco notada, entre o mito grego e o mito bíblico das origens. No mito grego, *Caos* encontra-se na origem do *Cosmo*; *Caos* não é a desordem, mas a união indiferenciada e genésica das forças da ordem, desordem e organização. Seus primeiros produtos são titãs monstruosos e deidades aterrorizantes, até que, em meio a um cosmo que emergiu para fora do caos, surge a harmoniosa geração dos deuses do Olimpo. No Gênese, existe igualmente um estado de indiferenciação primordial, de desordem, uma espécie de caos informe; dife-

Prefácio

rentemente do mito grego, porém, o mito bíblico interpreta a superação do caos como um ato de separação entre luz e sombras. O "que se faça a luz" é um ato operado por um Deus único e soberano que irá criar um mundo. A diferença da concepção atual de uma deflagração térmica, de uma explosão de luz na origem do universo, encontra-se, portanto, na ausência de um Deus criador. Como observaremos neste diálogo, muito mais do que um Pai de todas as coisas, existiu (e continua a existir) uma matriz de todas as coisas que, semelhante à filosofia chinesa, seria o Vazio. Em nossas conversações, depararemos com esses mistérios.

Desde os primórdios da História, o espírito humano preocupou-se, apaixonou-se, fascinou-se, encantou-se, enfeitiçou-se e inquietou-se pelo céu estrelado. A sociedade humana sempre buscou inscrever-se no cosmo e inscrever o cosmo em si mesma. Ainda mais: ao se reconhecerem como filhos do Céu, os chineses admitiram seu parentesco cósmico. Como indica nossa conversação, temos o direito de reivindicar essa denominação.

Do ponto de vista do indivíduo, assim como do da sociedade, a aventura moderna produziu uma ruptura radical na relação *antropo-cosmo*. A revolução promovida por Copérnico e por Galileu não destronou a Terra da centralidade cósmica simplesmente; ela decidiu considerar a Lua, o Sol e as estrelas como entidades materiais. O desenvolvimento da astrofísica "desencantou" totalmente os astros. O Sol deixou de ser um deus e transformou-se num motor de

CASSÉ & MORIN ❦ *Filhos do Céu*

explosão nuclear; a Lua não é mais uma deusa, e sim um deserto desolado, crivado de crateras sem vida. O céu esvaziou-se de todos os seus mitos. Uma distância infinita de milhões de anos-luz entre nós e as estrelas dilatou-se. A astrologia foi rechaçada como superstição, simultaneamente, pelo cristianismo e pelo racionalismo científico. Só conseguiu reconquistar seu espaço no contexto da subjetividade individual, único lugar em que lhe foi reconhecida alguma objetividade. A sociedade não se encontra mais inscrita no cosmo e, a partir do século XIX, foi forçada a inserir-se em um devir irresistível que lhe promete o controle do mundo.

Mas Pascal já havia conseguido contemplar o novo cosmo em toda sua assustadora estranheza — "o silêncio eterno desses espaços infinitos me assusta" —, maravilhando-se com a situação dos humanos, perdidos entre o infinitamente grande e o infinitamente pequeno, coisas absolutamente desconhecidas para eles.

No início do século XX, a concepção einsteiniana fez com que o cosmo desaparecesse como unidade singular em benefício do espaço-tempo, única e verdadeira realidade do mundo físico; com isso, o universo fixou-se para sempre na imobilidade. Simultaneamente, houve também um renascimento do cosmo quando, depois do telescópio espacial Hubble, sugeriu-se que ele possuía uma história e tendia para a dispersão, razão pela qual surgiu a idéia de sua extraordinária singularidade na deflagração do big-bang.

Prefácio

Ao mesmo tempo, as ciências físicas do século XX arruínam a idéia de um universo-máquina, determinista e perfeito, seu dogma no século precedente. A imobilidade do céu estrelado cede espaço a uma louca diáspora de galáxias e estrelas. Mais tarde, no cerne desse cosmo, ocorrem descobertas extraordinárias, como a dos buracos negros, e, por último, mais extraordinárias ainda, as descobertas de uma matéria e de uma energia negras que reduzem nossa matéria a apenas 4% do universo.

Agora que mal acabamos de sair do universo de Ptolomeu (pois permanecemos geocêntricos: manhã — o Sol nasce — e tarde — o Sol se põe), que o universo de Copérnico se encontra hiperprovincianizado, isso porque o Sol, soberano do mundo, não passa de um minúsculo astro suburbano de uma galáxia também periférica, que devemos abandonar até mesmo a idéia de ser o centro do mundo, eis-nos catapultados para dentro de um universo em dispersão.

Em crescente diáspora, o universo caminha para a dissipação. As últimas notícias nos indicam que entramos na era final da diáspora, sem esperança de retorno. Esse universo em dissipação também é dissipador. Todos nós devemos abandonar os antigos conceitos que o tornavam inteligível. Nossas categorias racionais de causalidade, localidade, espaço e tempo devem ser limitadas e relativizadas. Nossas próprias noções de ser e de não-ser, de vazio e de pleno são relativizadas. Em si mesmo, nosso universo constitui um enigma (que talvez pudéssemos resolver), mas também um mistério

CASSÉ & MORIN ✹ *Filhos do Céu*

(que excede nossa capacidade de entendimento). Percebemos que, a despeito de seus subterfúgios e audácias, nossa mente não pode compreender verdadeiramente a singularidade desse universo.

Poderíamos, então, persistir na idéia de que o fosso entre o humano e o cosmo permanece mais gigantesco e irredutível do que nunca. Paradoxalmente, porém, a própria astrofísica, que revela às nossas mentes a singularidade do universo, nos revela, também, o laço indestrutível que religa o cosmo ao nosso ser; aprendemos que as partículas que constituem os átomos do nosso organismo nasceram durante os primeiros segundos de existência do universo, que os átomos a partir dos quais se formaram as moléculas e macromoléculas do nosso organismo foram forjados no núcleo de estrelas anteriores ao nosso Sol, que os primeiros seres vivos sobre a Terra são inteiramente constituídos por essas partículas, átomos e moléculas. Aprendemos, também, que nossos organismos, policelulares, se formaram a partir de associações primitivas entre unicelulares. Para resumir, somos totalmente filhos do cosmo e o carregamos dentro do nosso ser sob a forma de microcosmos. Nosso lugar aqui na Terra encontra-se inseparavelmente ligado ao nosso lugar além dela. A Terra e o Céu compartilham a mesma identidade física. Como esse cosmo tornou-se mistério, também transportamos esse mistério dentro do nosso ser.

Originalmente, nosso cérebro desenvolveu-se para responder aos nossos problemas práticos e não para compreen-

Prefácio

der o universo do qual se originou, mas desenvolveu-se, também, para questionar-se e tentar compreendê-lo. Ninguém se surpreenderá, portanto, que, em minha busca contínua de um diálogo entre a ciência e a filosofia, eu tenha desejado ocupar-me dessas questões mais profundamente com Michel Cassé, simultaneamente um caçador de buracos negros e um inspetor do invisível, que sabe traduzir seu trabalho de astrofísico numa linguagem fulgurante de poesia. Aliás, este livro só vem reforçar uma longa amizade construída ao longo dos encontros de verão do centro de arte de Beychevelle,[1] cujo propósito era o de recuperar o espírito dos simpósios antigos.

Desde então, e mesmo agora, nossas conversas giraram exatamente em torno desses mistérios e do paradoxo que nos transforma, simultaneamente, em filhos do cosmo, órfãos do cosmo e estrangeiros do cosmo. Meus agradecimentos a Laure Adler, que deu início ao nosso diálogo na France Culture,[2] e a Odile Jacob, nossa editora.

Edgar MORIN

---

[1] Saint Julien-Beychevelle, comuna francesa na região administrativa da Aquitânia, departamento da Gironda. O Centro Internacional de Arte Contemporânea do Castelo de Beychevelle sedia importantes eventos ligados às artes e humanidades em geral. (N.Ts.)

[2] Rádio cultural do serviço público audiovisual francês, criada em 1946. (N.Ts.)

1
A REVELAÇÃO DO VAZIO

Por um pensamento fisicista do mundo

EDGAR MORIN — O que é o universo? Por que ele é o nosso universo? Ele é "nosso" não apenas por nos encontrarmos nele, mas também porque é nosso lugar, porque ele nos produziu, porque saímos dele, porque ele não cessa de nos interrogar e porque nenhuma sociedade jamais deixou de representá-lo. No curso da história ocidental prevaleceu inicialmente uma concepção geocêntrica na qual a Terra era o centro do universo, algo que estava em conformidade com as aparências e, também, com a Bíblia. Depois disso, com Tycho Brahe, Copérnico e Kepler, não sem dificuldades, passamos para um outro universo, cujo centro, dessa vez, era o Sol. Fôramos destronados, mas, ainda assim, mantínhamos um lugar reservado na platéia, o que não era nada mal. Finalmente, em nossa concepção de universo, ocorreu uma revolução ainda mais radical; um de seus aspectos é que nem o Sol, nem mesmo a nossa galáxia, a Via Láctea, se encontram no centro do mundo e, talvez, o próprio mundo não tenha centro algum. Segundo as descobertas do Hubble sobre sua expansão e a fuga das galáxias, esse novo universo que começa a surgir, e que nem mesmo emergiu totalmente, é o mesmo no qual devemos nos instalar e que, meu caro Michel Cassé, constitui o motivo de nosso diálogo.

MICHEL CASSÉ — Primeiro fio condutor, a astrofísica e a cosmologia nasceram como ciências quando, ao apontar sua luneta para a Lua, Galileu viu aparecerem montanhas. Até então, na visão aristotélica e escolástica dominante, a Lua estabelecia o limite entre dois mundos. Acima dela encontrava-se o mundo "supralunar", considerado eterno, incriado, que não era composto nem de água, nem de ar, nem de terra, nem de fogo, mas de uma quinta essência perfeita, ideal e imutável, que constituía a quintessência. Em contrapartida, sob a Lua, na esfera "sublunar", cujo centro se encontrava na Terra, reinava um regime de transformações, marcado pela corrupção, decadência e morte. Segundo os próprios termos de Galileu, a Lua se mostrava "terrena". Estávamos diante de uma mutação fundamental. Atualmente, prestes a inverter a proposição, eu afirmaria que a Terra também é celeste. Desde então, no campo fragmentado e complexo do saber existe uma ciência fundamental da

A revelação do vazio

unidade que enuncia a equação mais simples do mundo: Terra = céu; tudo o que está lá é igual ao que está aqui; o que não está aqui não pode ser encontrado em outra parte. Isso vale tanto para os átomos quanto para as leis. Existe unidade nas substâncias e nas leis do universo. Conseqüentemente, a física é universal. Essa ciência fundamental, vital como a especulação e precisa como as tecnologias que lhe dão sustentação e instrumentos, denomina-se cosmologia. Ao validar os argumentos da física mais sofisticada e abstrata, ela responde a questões ancestrais. Esse casamento do céu e da Terra no pensamento humano restabelece os laços entre o pensamento antigo dos filósofos pré-socráticos e o pensamento quântico e relativista dos cientistas contemporâneos; ele consagra o pensamento fisicista do mundo.

E. M. — Retrospectivamente, o pensamento da *physis* de Empédocles e o de Heráclito revelam-se mais ricos do que a doutrina platônica das essências ou o sistema aristotélico das causas. Eles não elucidam, por isso, a distinção moderna entre astrofísica e cosmologia que você esboçou.

M. C. — A cosmologia é o estudo da origem, da estruturação e do futuro do universo. Ela promove a contribuição entre os mais diversos saberes, inclusive os da teoria das partículas elementares. Nesse contexto, a física das partículas,[3] a que

---

[3] No original, *"école du dedans"*. (N.Ts.)

CASSÉ & MORIN · *Filhos do Céu*

consiste em decifrar o mundo em um grão de areia, une-se à cosmologia,[4] que se abre para a perspectiva cósmica. A cosmologia é uma ciência histórica. No início, o universo era quente. Você o descreveu precisamente como um universo em expansão, fórmula que vale como introdução ao discurso cosmológico. Se invertemos a flecha do tempo, o universo se contrai; se o imaginamos como um gás, contraí-lo significa reaquecê-lo. No começo, portanto, existe o calor. Nesse intenso calor proliferam partículas anônimas, elementares, energéticas — calor considerado aqui como uma medida da agitação térmica e da energia de cada partícula individual. Isso permite simular as condições do big-bang por meio dos aceleradores de partículas, devolvendo às partículas individuais a energia que possuíam originalmente. Os astrofísicos, por sua vez, preocupam-se com a perfeição formal. Por meio da forma material, eles procuram descobrir em ação no universo um plano coordenado, um esquema diretor, um conceito organizado e, portanto, uma história. No campo complexo do saber, a astrofísica e a cosmologia, ciências da plenitude do ar e da plenitude da consciência, buscam de fato situar o homem no espaço e no tempo.

---

[4] No original, *"école du dehors"*. (N.Ts.)

A revelação do vazio

Uma equação em forma de poema

E. M. — Podemos, porém, descrever esse universo? Você pode fazer isso? Se sim, como?

M. C. — Comecemos por seus elementos. Existem os atores e a cena. É evidente que entre os atores encontra-se a matéria, mas sua definição teve uma extensão imensa. Desde então, incluímos nessa definição, por exemplo, a luz como uma forma material neutra. Podemos conferir-lhe valor zero, mas o zero nada mais é do que um mais e um menos adicionados. Digamos que o mais corresponde à matéria e o menos, à antimatéria. Em conseqüência, a matéria nasce da luz, mas acompanhada de seu duplo antagônico e mortal, a antimatéria. E se essas duas formas se reúnem, elas restituem o zero. Segundo essa dialética entre luz e matéria, à qual a natureza dá livre curso, o big-bang é o acontecimento no qual a luz se materializa, enquanto a estrela, em contrapartida, constitui o anti-big-bang. Ela é o lugar em que a matéria se transforma em luz — razão pela qual as estrelas brilham. Essa primeira descrição da dialética matéria-luz é possível em virtude da mais bela equação, conhecida por sua sobriedade, um pequeno poema que todas as crianças sabem de cor, sem poder explicitar-lhe o sentido, e que se enuncia $E = mc^2$. Ninguém pode adivinhar o potencial explosivo que ela oculta sob sua despretensiosa formulação! Segundo a teoria de Einstein, o universo existe porque ele corresponde a uma descrição *rela-*

tivista. Mas ele também é *quântico*. Voltarei a esse tema, sendo a física quântica a melhor descrição que possuímos quando tratamos do infinitamente pequeno. Retomemos, porém, o caminho rumo à origem. A descoberta da *expansão do universo* pelo Hubble, que você evoca, foi realmente decisiva. Assim como a da *radiação cosmológica fóssil*, que, desde tempos imemoriais, difunde-se pelo espaço e vem tilintar nos ouvidos de nossos radiotelescópios, isso porque faz muito frio, tanto frio que ela acaricia a Terra e os receptores que a rodeiam sob a forma de microondas. Essa radiação invisível é onipresente e permanente. Isso significa que a noite não existe, que ela pertence ao reino das aparências, que o céu não é negro, mas o nosso olhar que é obscuro. Mas assemelhados a próteses, os olhos eletrônicos que forjamos, a fim de disfarçar nossa ambliopia, nos permitem ver o invisível. Essa mesma radiação, que difunde as origens pelo espaço e foi emitida há treze bilhões de anos, é perceptível por meio de telescópios ou satélites destinados a seu estudo. Ela nos permite enxergar a primeira imagem do mundo. Ela é quase lisa, exceto por algumas pequenas asperezas que fazem supor que a forma será extraída de um substrato indiferenciado. Ela nos possibilita ler os capítulos liminares da história do mundo e dá credibilidade à idéia de uma cosmologia semelhante à relatividade geral de Einstein, segundo a qual o universo se expande, com o tempo adquire volume e, em seguida, esfria.

A revelação do vazio

E. M. — Uma expansão que, no entanto, seria ilusória e seguiria a tendência de nosso entendimento em conceber as coisas segundo as representações mais comuns.

M. C. — Fala-se de expansão do universo, mas, na realidade, trata-se de uma dilatação em grande escala do espaço. Felizmente, os próprios objetos, sua cabeça e a minha não se distendem. Os objetos constituídos, os objetos fixados em suas formas, cujos átomos são religados por interações muito mais fortes do que a da gravidade, não se encontram em expansão. Se não fosse assim, nossos olhos se abririam no mesmo ritmo que o espaço e não saberíamos que o universo se encontra em expansão. Existe, portanto, algo fixo no universo, mas em pequena escala. Isso ocorre com a distância entre a Terra e a Lua e com todas as distâncias em nossa própria galáxia. Quanto às próprias galáxias, exceto pelas nebulosas que, por vezes, se formam, elas se encontram tão distantes umas das outras que sua influência, principalmente sua atração mútua, torna-se negligenciável. Essas ilhas de universo afastam-se umas das outras, não por rejeição ou repulsa, mas porque a rede espacial que as separa se dilata. Nessa visão de mundo, inteiramente elástica, o substrato do espaço em si não é fixo, mas, na realidade, dúctil. O próprio tempo é associado a uma dimensão. O espaço quadridimensional, ou espaço-tempo, foi construído e, uma vez preenchido pela matéria, foi identificado por Einstein ao universo.

CASSÉ & MORIN 🌀 *Filhos do Céu*

Acontece, porém, que as quatro dimensões que percebemos, três espaciais e uma temporal, poderiam não ser as únicas.

Tempos e revoluções

E. M. — Esses reencontros com o tempo parecem cruciais e, mais adiante, voltaremos a eles. Em sua própria visão teológica, Agostinho já constatava o paradoxo: "Em que momento Deus criou o mundo?" E respondia: "Em momento algum, visto que a criação do mundo é a criação do tempo", uma dimensão da qual não podemos nos abstrair. Entretanto, nesse tempo singular que é a história humana, como foi que passamos da "Lua terrestre" para a afirmação de múltiplas dimensões?

M. C. — Nesse sentido, nos encontramos na sexta revolução copernicana. Como você ressaltou, na primeira, a Terra não é o centro do sistema solar, é o Sol que ocupa esse lugar — embora essa revolução quase não tenha penetrado nas consciências, fato que se constata pela persistência no uso da expressão "O Sol se levanta". Na segunda, o Sol e seu séquito de planetas vivem num vasto subúrbio à margem da galáxia. Na terceira, a dita galáxia não se encontra no centro no universo, visto que o próprio universo não possui nem centro nem fronteiras. Na quarta, a matéria que nos constitui, feita de átomos, não é a substância essencial do universo,

A revelação do vazio

revolução extremamente importante, que faz o átomo luminoso perder sua nobreza; abre-se a era do invisível, de uma substância invisível, de um novo éter, indetectável, embora provido de energia. Na quinta, as leis que consideramos universais, ou seja, as que nos permitem descrever o comportamento da matéria aqui na Terra e no céu, parecem destinadas à nossa província cósmica. O universo estende-se para além do que podemos qualificar enquanto homens naturalmente visuais e sensoriais. Digamos que, de maneira indireta, embora lógica, a teoria parece indicar que o universo é um conjunto de cosmos, uma espécie de champanhe, se assim o quisermos, na qual ocuparíamos o espaço de uma bolha. Essa é a sexta e última revolução conceitual, que ainda não foi comprovada, se bem que, por questões de harmonia e coerência da teoria, sejamos obrigados a admitir a existência de dimensões que não percebemos.

E. M. — A percepção dessas dimensões é impossível, mas sua detecção, não.

M. C. — O visível é ligado às propriedades físico-químicas de nossa retina. Foi a insistência da luz que modelou nosso olho, e foi o Sol que o educou. Ambos são feitos da mesma substância: os átomos do Sol dialogam com os átomos dos olhos por meio da linguagem da luz, e a razão pela qual enxergamos reside nessa identidade de natureza entre o detector e o receptor. De modo semelhante, o fato de sermos cegos a todas as outras luzes não significa que elas não existam. Nosso visível é a espuma da luz. Nossa matéria é a espuma da matéria. Nosso cosmo é uma esfera causal na qual a causa precede o efeito, na qual tudo pode ser descrito de maneira determinista. Esse reino, porém, não seria senão uma bolha. Ele próprio seria originário de um meio ambiente ao qual se poderia dar o nome de "substrato incriado" ou "pai do mundo". Embora seja inteiramente impossível descrevê-lo, pode-se enunciá-lo por meio de uma equação.

Quando a matéria fala

E. M. — Mesmo sabendo que nessa última fórmula, "pai do mundo", você não vê senão uma utilização metafórica, ela não deixa de me intrigar. Que valor atribuir ao olhar que, como você diz, o homem lança sobre o indescritível a partir de sua "bolha"?

M. C. — O processo científico terá sido a ocasião de um descentramento progressivo da condição do homem. A ciência aparece como uma longa luta contra o geocentrismo e o antropocentrismo, mas não necessariamente contra o antropomorfismo. Ela postula que todos os lugares se equivalem, pois um ser vivo que habitasse uma outra galáxia, que possuísse as mesmas qualidades que nós e tivesse o status de observador assistiria ao desenrolar do mesmo drama, da

A revelação do vazio

mesma dramaturgia cósmica e, assim como nós, constataria a expansão do universo. Não existe centro do mundo. A despeito desse descentramento espacial, vivemos num tempo particular, um tempo bendito, no qual a matéria fala, e isso não é algo sem importância. Quando me perguntam onde estou, eu respondo: no hoje, no belo hoje. A matéria fala e, desse fato, depreendemos que a linguagem, o pensamento e a vida necessitam da ação das estrelas; que na economia geral do universo as estrelas desempenham o papel de um artesão consciencioso e, independente dessa ação, sua própria existência passa a ser uma condição necessária à diversidade dos átomos. Mães de nossos átomos, as estrelas não são imateriais, mas provêm, são feitas e dependem de outra coisa: elas foram precedidas por outras formas, que denominamos nebulosas interestelares e que também decorrem de uma forma anterior. Que forma é essa? Trata-se de uma questão de genealogia à qual incessantemente retornamos. A mãe da nebulosa, ah, bem, é a luz! A luz deu forma à matéria e à antimatéria. A antimatéria parece ter desaparecido. Há gênese, mas também morte. Nada mais resta além de átomos. Temos muita dificuldade em imaginar o desaparecimento da antimatéria.

E. M. — O que não impede que você faça dela o objeto de sua pesquisa.

CASSÉ & MORIN 🌀 *Filhos do Céu*

M. C. — Sim, assim como muitos outros, o que pesquiso é o mundo perdido da antimatéria, supondo que ele não tenha sido completamente eliminado. Sei que na fronteira entre matéria e antimatéria produz-se uma desmaterialização que deveria se efetivar por meio de fluxos de raios gama; sei, também, que desenvolvemos satélites sensíveis a essa forma bastante energética de radiação, a fim de delimitar e perceber a fronteira entre os mundos e antimundos, mas, até agora, nada semelhante a isso apareceu. Além do mais, nessa volta ao passado, nessa gênese, a luz não é a primeira coisa que ocorreu. Ela teria sido precedida por uma forma à qual poderíamos dar o nome de *vazio*, mas um vazio paradoxal, pleno de todos os nascimentos e de todas as energias, um vazio que somente a mecânica quântica é capaz de descrever e que poderia ser comparado a uma agência de comunicação e relações públicas. Esse vazio ainda existe, encontra-se na origem do que poderíamos chamar de forças da física, na origem do fato de que existem interações no mundo. Esse vazio é relacional. Você conhece muito bem todos os delineamentos desse pensamento, foi um dos primeiros a refletir sobre eles, pois no livro *A natureza da natureza*,[5] volume essencial de *O método*, não hesitou em introduzir as noções de caosmos e de pluriverso bem antes do advento da cosmologia *new-look*.

---

[5] Edição brasileira: *O método. Tomo 1. A natureza da natureza*. Tradução de Ilana Heinberg. Porto Alegre, Sulina, 2002. (N.Ts.)

A revelação do vazio

E. M. — Obrigado por sua leitura atenta. Tenho a impressão de que o fato crucial, que advém de nosso universo muito recente, que você mesmo anunciou e ao qual retornará, sem dúvida, é que a matéria e o átomo, que pareciam ser seu substrato fundamental, representam apenas uma pequena e, até mesmo, ínfima parte dele. Em proveito de quê? Do espírito ou de um espiritualismo? De maneira alguma. Da energia? Não apenas dela, e voltaremos a falar sobre isso. Eu diria que em proveito de um fisicismo real, ou seja, de um mundo concebido fisicamente, segundo o que os gregos denominavam *physis*, o que faz nascer, algo não redutível nem à matéria nem à energia, esse algo do qual surge a criação, ou melhor, as sucessivas criações. Com isso, não retornamos à intuição de Spinoza? Ao rejeitar a idéia de um Deus exterior ao mundo, que o teria criado como se cria uma máquina ou um produto, e considerar que esse Deus não existe, Spinoza inscreve a força criadora no interior do universo. Antes, porém, que você me revele o que pensa sobre essa concepção, tratemos de esclarecer a noção de energia da forma como a evocou.

M. C. — Com efeito, essa noção encontra-se no cerne da argumentação e não poderíamos explicitá-la com exatidão.

E. M. — O que dizer, então, da termodinâmica, que não aparece na sua argumentação, enquanto nela se encontram presentes o calor, a agitação dos átomos e moléculas? E do segundo princípio da termodinâmica, que, em primeiro lugar, trata-se, digamos, de um princípio de degradação da energia em calor e, por isso, em termos de organização, um princípio de desorganização? O que é feito, enfim, de sua combinação com o fato de que, a despeito desse princípio, ou por meio dele, ocorrem incessantemente novas gêneses, gêneses de estrelas, gêneses de universos? Não se torna necessário recorrermos ao pensamento de Prigogine[6] para compreender a relação entre o princípio de degradação ou de destruição e esse princípio de gênese? O problema reside em saber como conceber que o universo possa ser uma espécie de degradação do infinito, que não possui nem forma, nem tempo, nem espaço. E, simultaneamente, que essa mesma degradação possa ser uma gênese, a criação de alguma coisa, de muitas coisas, a criação de partículas, de átomos e de estrelas.

M. C. — O primeiro desses dois movimentos que detectei foi o da criação, mas utilizarei o termo apenas no sentido empregado nos ateliês de alta-costura, no momento em que são apresentadas as novas coleções, ou, melhor ainda, em dramaturgia, a cada temporada teatral. No sentido teológico do termo, a criação é absoluta e, para mim, o que é absoluto absolutamente não existe. Por isso, em cumplicidade com Georges Gamow, usarei, então, o termo criação no sentido da última moda parisiense, pois, na verdade, o universo é incessantemente rasgado, recosturado e reconstituído — e,

---

[6] Ilya Prigogine (1917-2003). Prêmio Nobel de Química de 1977. (N.Ts.)

A revelação do vazio

até mesmo, calcinado, visto que nas estrelas a matéria é elevada a temperaturas verdadeiramente infernais.

Anuncio solenemente que a noção de big-bang, que parecia conferir credibilidade à tese dos monoteísmos judeu, cristão e islâmico de uma criação única — e mesmo *ex nihilo,* o que para o pensamento racional é uma aberração —, se encontra banalizada. Na verdade, seguindo a mesma linha de Andrei Linde[7] e Alan Guth,[8] eu falaria de criação plural. Bolhas de universos que, no início, não passam de pérolas minúsculas que parecem emergir do caldo do espaço-tempo, um pouco como Vênus emergiu da espuma.

E. M. — Pérolas minúsculas, mas que, para nós, são gigantescas.

M. C. — Elas são gigantescas porque dispersadas por uma enorme extensão. Em qualquer hipótese, essa expansão é ligada à força expansionista do novo vazio, desse vazio quântico que tento destacar. Acima de tudo, ele é um afastador de espaço. Possui virtudes antigravitacionais. Isso porque, se a gravidade é a atração da matéria pela matéria, a antigravida-

---

[7] Andrei Dimitrievich Linde (1948-). Físico russo, famoso no início da década de 1980 pelos seus trabalhos sobre a inflação cósmica, teoria que propunha soluções para alguns dos problemas fundamentais do big-bang. (N.Ts.)

[8] Alan Harvey Guth (1947-). Físico e cosmólogo americano, professor e pesquisador do Massachusetts Institute of Technology, conhecido como o pai da teoria da inflação cósmica. Segundo essa teoria, o universo sofreu uma expansão exponencial nos primeiros instantes após o big-bang. (N.Ts.)

de, em contrapartida, é uma gravidade repulsiva. Conhecemos a experiência da queda, porque freqüentemente caímos. No caso do universo, porém, a experiência é a do vôo em grande escala. No registro da metáfora, podemos afirmar que, no começo, o vazio encontrava-se encolerizado. Transbordante de energia, permanecia em estado de excitação. Dessa forma, podemos sugerir como origem do mundo as flutuações coléricas aleatórias, e sem causa, de um substrato generalizado governado pela mecânica quântica — expressão essa que significa "flutuante". Um estado uniforme perfeito não existe. Além disso, embora a expressão seja temerária, podemos afirmar, também, que nosso universo nasceu de uma transgressão, transgressão da impossibilidade de existir, visto que a mecânica quântica proíbe *in fine* que se declare a impossibilidade absoluta das coisas.

E. M. — Diante disso, o grande ator do universo não seria esse vazio? Esse vazio quântico que é a origem de tudo, que estimula a disjunção e a dispersão do nosso universo e que, no final, parece querer triunfar? Não seríamos nós uma pequena aventura, um avatar menor desse vazio?

M. C. — Nós nos encontramos entre dois vazios, o do começo e o do fim.

E. M. — Entre dois vazios, mas, também, com um grande vazio interior!

2
ABORDAGENS DO INVISÍVEL

A *marca da matéria*

EDGAR MORIN — Então, meu caro Michel Cassé, participamos de um universo bastante singular. Ele começa a partir de um vazio que, na verdade, não é um vazio, mas sim um vazio quântico, uma noção bastante insólita. Depois, aparece uma flutuação, uma fulguração ou uma luminescência, não se sabe muito bem, que desloca ou parece deslocar esse vazio e que dá origem ao nosso universo, tudo isso em meio a um calor indescritível. Ao esfriar, esse universo irá criar as partículas e tudo aquilo que vem depois. Habitamos nesse universo que é também uma história de quem somos, ao qual pertencemos, história cujas palavras, termos e noções é necessário continuar a interrogar.

CASSÉ & MORIN 🌀 *Filhos do Céu*

MICHEL CASSÉ — Remontando às origens e invertendo a flecha do tempo, é possível acreditar que, lentamente, nos apossamos de um método genético. Com efeito, a descoberta mais importante do século XX decorre da genealogia. Existe uma ligação de gênese entre os homens, mais exatamente entre seus átomos e as estrelas, entre as estrelas e as nebulosas interestelares, entre essas nebulosas e a luz, entre a luz e o vazio quântico. Há, então, um encadeamento físico da gênese: grande vazio, luz, matéria e pequeno vazio — esse relicário que persiste e, além disso, não cessa de acelerar a expansão do universo. Os atores dessa dramaturgia cósmica são a matéria atrativa e uma certa forma de substrato, que não sei se pode ser chamado de matéria e que possui uma virtude repulsiva. *Energia negra* é seu nome de batismo. A própria matéria decompõe-se em matéria nuclear — ou seja, em átomos — e em matéria exótica — ou seja, não-nuclear.

A matéria nuclear pode ser brilhante ou negra. Há objetos feitos essencialmente dos mesmos átomos que você, a mesa, as estrelas, as galáxias, objetos que, no entanto, são negros e, nesse sentido, invisíveis. Por outro lado, há seres físicos totalmente invisíveis e livres que não constituem nenhuma estrutura. Prova disso são os neutrinos, que, produzidos pelas reações nucleares da central que é o Sol, se dissipam atravessando-o como se ele não existisse e, de modo semelhante, atravessam a Terra, que é porosa como uma bola de cristal. É possível afirmar em alto e bom som: o invisível não é a ausência e, muito menos, o elemento negro. Esses

Abordagens do invisível

seres, essas partículas extremamente delicadas, que atravessam cada centímetro quadrado de sua gloriosa pessoa e de cada um de nós, assim como cada centímetro quadrado do solo, à razão de sessenta bilhões por segundo, são inteiramente invisíveis, quase impalpáveis e, entretanto, realmente existentes e materiais. Trata-se de matéria que, no entanto, não é nuclear na medida em que não é constituída de prótons ou nêutrons, mas cujo aspecto se assemelha mais ao do elétron. O neutrino é o duplo oculto do elétron.

E. M. — Você acaba de afirmar, e não seria exagerado enfatizar, que o invisível não é ausência, mas, ao contrário, presença. Estamos num domínio em que é necessário reconhecer a presença do invisível, não um invisível qualquer, não o dos mitos ou das imagens ilusórias, mas esse invisível desconhecido no qual nos encontramos e nos embrenhamos.

M. C. — A realidade é essencialmente invisível e, de qualquer maneira, o visível é tão utópico quanto excepcional. Na verdade, o não-visto é o próximo invisível. Chegamos efetivamente a perceber a presença desse invisível, desse neutrino, como você o qualifica. É necessário apresentar um texto escrito que seja digno dele. Diante da impossibilidade fisiológica de perceber sua presença, torna-se necessário acionar uma hipersensibilidade ao invisível. Possuo uma imagem neutrínica do centro do Sol que posso admirar da aurora ao crepúsculo, pois esse invisível transcende a cor, do mesmo modo que transcende o que se poderia denominar propagação eletromagnética.

Mensageiros cósmicos

E. M. — A partir de então, que estatuto conceder à luz, cuja supremacia simbólica, como já se sabe, encontra-se presente em todas as culturas?

M. C. — Até pouco tempo, pensávamos que só havia mensageiros do tipo luminoso. De fato, a luz era considerada como o transportador consciencioso e veloz da informação de um ponto a outro do universo. Descobrimos, porém, que há outras formas de emissários além dos neutrinos, como, por exemplo, as ondas gravitacionais. O fato é que o espaço possui vibrações e essas deformações do espaço-tempo — que se assemelham a uma pele de tambor elástica — produzem ondas que se propagam e, por isso, são denominadas gravitacionais. Nesse registro, o universo é muito mais transparente do que no registro eletromagnético. Em outras palavras, a visão, ou a percepção eletromagnética, é interrompida quando o universo torna-se opaco à sua própria luz.

E. M. — Mais precisamente, o que isso significa?

Abordagens do invisível

M. C. — Que, no começo, quando estava muito quente, o universo era pura chama. Uma chama, porém, é opaca à sua própria luz. Jamais alguém verá o que, metaforicamente, denominamos big-bang, isso em virtude de um paredão de luz inicial que é impenetrável. Em contrapartida, esse mesmo paredão é transparente aos neutrinos, como também às ondas gravitacionais. E as astronomias que ainda estão por surgir terão que se restringir a esses dois domínios.

E. M. — Desse modo, o espírito humano, a parte desse espírito que impulsiona o conhecimento científico, conseguiu tornar a presença desse invisível observável, determinável, constatável! A mais bela descoberta é que podemos falar desse invisível sem vê-lo e determinar sua posição exata. É aí que o jogo do conhecimento revela-se plenamente, esse jogo extraordinário entre o conhecível e o inconhecível. Transgredimos as fronteiras e, simultaneamente, preservamos a certeza do desconhecido. Não somos prisioneiros de nossos sentidos e, apesar de seus limites, nossa mente pode, simultaneamente, concebê-los, bem como o que está além deles.

M. C. — Exatamente. Desde então, não poderíamos confundir o vazio com o nada e o invisível com o indescritível. Além disso, pelo fato de decalcá-lo, pois não fazemos nada mais do que decalcar o invisível, nós nos colocamos em presença de um céu de criação. O visível que se manifesta a partir dele aparece como a luz de uma fase tranqüila de uma estrela que

CASSÉ & MORIN 🌀 *Filhos do Céu*

se chama Sol. De certo modo, ver apenas a maioria silenciosa das estrelas é algo positivo, pois essa visão confere ao céu e à alma uma aparência de serenidade. Se nossos olhos fossem verdadeiramente sensíveis a qualquer forma de radiação, o céu não seria constelado, seria desordem. Por outro lado, é esse céu dinâmico que revelamos graças a nossas próteses satelizadas. O olho humano, por si só, não pode ver as estrelas nascerem nem descobrir seus restos mortais, isso porque é ajustado, regulado e educado pela luz da estabilidade solar.

E. M. — Aí reside o paradoxo. Durante muito tempo consideramos que havia uma ordem impecável e perfeita no céu, enquanto, segundo suas próprias palavras, o universo é desordem.

M. C. — Desordem e campo de explosão de matéria. Toda explosão no céu é criadora. A explosão de uma estrela não é algo a lamentar, as humanidades futuras fundamentam-se nessas cintilações e detritos, isso porque, ao se destruir, a estrela insemina o espaço com os produtos de sua alquimia nuclear e se impõe como o lugar em que a matéria se transforma de algo simples em algo complexo. Do acontecimento primordial, que costumamos chamar vulgarmente de big-bang, emana a matéria simples, o 1 e o 2, o hidrogênio e o hélio, enquanto, *in fine,* contabilizamos 92 elementos, do hidrogênio ao urânio, passando pelo carbono, o azoto, o oxi-

Abordagens do invisível

gênio, o neônio, o magnésio, o silício, o enxofre e o ouro — que, com exceção dos quatro mais leves, tanto o ouro como qualquer outro átomo, todos provêm das estrelas. No entanto, segundo a proporção comumente aceita, essa matéria nuclear representa, no mínimo, apenas 4% da matéria universal. Além disso, a matéria visível, aquela que podemos identificar por sua luminosidade natural, pela luz que percebemos, representa apenas 5 por mil do conjunto. E quanto aos 96% restantes? Parece haver uma divisão entre a matéria negra e a energia negra, ou seja, o invisível, na proporção de 30% e 70%. Os neutrinos são uma forma de matéria negra, mas seus primos hipotéticos também o são, como os neutralinos, por exemplo, isso talvez enquanto esperam pelos neutralíssimos! É preciso levar esses ectoplasmas a sério, pois eles são as conseqüências lógicas das teorias físicas atuais.

Excelência do zero

E. M. — O que não leva a justificar, mesmo por uma indispensável precisão, as díades tradicionais da ontologia clássica.

M. C. — Claro que não. Esse é um ponto importante, pois, na verdade, ao proceder assim, ao atribuir à luz o signo zero, ao declarar que ela se fundamenta no zero, que não possui nem carga e nem massa, e que, por isso, dá origem à matéria e à antimatéria, seu duplo antagônico e fatal, preparamos o advento do neutro. Zero é também a energia total do universo. Desde muito tempo, a energia negativa encontrou sua justificativa: trata-se da energia da gravidade. Uma vez que, nesse momento, o negativo e o positivo — por exemplo, a antimatéria e a matéria, uma coisa e seu duplo —, no nosso entender, encontram uma justificativa, se fazemos a soma completa de todas as formas de energia, energia potencial gravitacional negativa e energia da matéria positiva — incluindo aí todos os elementos do mundo —, matéria comum, matéria negra e energia negra, chegamos ao índice zero, ou seja, ao fato de que não é necessária nenhuma energia para produzir um universo! Fico estupefato com isso. Pelo menos é o que indicam as últimas observações astronômicas, principalmente as do satélite MAP, efetivadas pelas múltiplas visões do estudo da geometria do universo. Uma geometria "uniforme", euclidiana, corresponde a uma energia total nula. A partir da constatação da platitude espacial, deduz-se a nulidade energética.

E. M. — Chegamos precisamente a uma série de paradoxos ligados às palavras e conceitos que utilizamos. Inicialmente, a essa noção de zero, que é tudo sem ser nada. Existe essa idéia de vazio que, na verdade, não é o vazio. Acidentalmente, isso nos remete às assertivas de Hegel na *Lógica* sobre o ser e o nada. Para o filósofo alemão, o ser é tão absoluto que não podemos lhe conferir nenhum atributo que não seja o atributo de ser. Quando nos voltamos para o nada, ele

Abordagens do invisível

escapa, igualmente, a qualquer atribuição. O que faz com que, para Hegel, exista uma reciprocidade entre o ser e o nada, assim como uma identidade negativa de um para o outro. Conceitos como esses se fixam no limite do absurdo, ou, se preferirmos, do inacreditável. Deixando de lado o ser e o nada e retornando às nossas noções, é forçoso constatar, não obstante, que falamos do vazio e, portanto, da matéria. O que é esse vazio que não é um vazio, mas algo que você denomina "quase vazio"? Por vezes, você também o qualifica de vazio quântico, expressão que remete à idéia de flutuação, o que você nunca se abstém de mencionar. Outras interrogações surgem a partir disso. A noção de flutuação adquire sua precisão total na microfísica, mas isso ocorre no núcleo desse vazio originário?

M. C. — A violação é codificada. No meu entender, o que existe de mais admirável nisso tudo é que essa física não depende totalmente do acaso. Ela não é uma física do acaso absoluto. Nela, fala-se muito de um princípio de incerteza, mas isso quer dizer que os próprios afastamentos — o *clinâmen*, como teria dito Lucrécio — são limitados e regidos por uma lei, e é precisamente aí que reside toda a sutileza da argumentação. O incerto é codificado.

E. M. — Mas, não menos notável, esse vazio é pleno de possibilidades quase infinitas. Nosso universo surgiu a partir dele.

CASSÉ & MORIN 🌀 *Filhos do Céu*

M. C. — Ele é o detentor de todos os tipos de nascimentos...

E. M. — ... A tal ponto que não sei mais qual físico poderia afirmar que o vazio é a energia infinita...

M. C. — ... A afirmação é mais dramática do que parece. Trata-se mais de um drama. Quando calculam a energia do vazio ou, mais exatamente, a densidade de energia do vazio — operação que consiste em fazer o balanço de todas as partículas efêmeras que denominamos virtuais, e que são tão reais quanto você e eu, salvo quando são fugazes —, os físicos das partículas chegam a uma densidade de energia infinita ou quase infinita. Ora, se fosse assim, o universo deveria explodir instantaneamente. Há, portanto, contradição na física, ou melhor, e essa é a ocasião de dizê-lo, na física, a noção de vazio provoca escândalo. De um lado, o vazio dos físicos das partículas é tão cheio de coisas e tão denso que causa espanto poder ver através dele. Do outro, o vazio dos cosmólogos é mais do que sutil. Prova disso é que enxergamos as estrelas até o fim do mundo ou das galáxias. Efetivamente, isso é suficiente para assegurar a densidade de energia implicada na observação 10^{-29} g por cm^3. O vazio cosmológico é algo muito leve. Existe nele uma ossatura que poderíamos denominar esqueleto do vazio.

Abordagens do invisível

Ordem e desordem

E. M. — Mas não é simplesmente por isso, também, que atingimos os limites de nossa razão? Kant já não havia indicado esses limites? A partir do momento em que pensamos no universo, aparecem, simultaneamente, a idéia de começo e a idéia de eternidade. Tanto uma quanto a outra parecem sensatas. Mas se há um começo, esse começo surge de onde? E se há eternidade, como ela teria começado? Daí decorre o problema epistemológico proposto hoje por nosso novo universo e que deve ser reconhecido como tal. Somos obrigados a conjugar noções que se contradizem. Somos obrigados a levar em conta o quanto algumas noções, indispensáveis para nós, são aproximativas. Igualmente, para compreender nosso universo, esse cosmo que é o nosso, é necessário recorrer a uma outra disciplina, a microfísica, que obedece a princípios e regras que não são os mesmos da física vulgar e da macrofísica, que também se distingue da megafísica, cujo objeto é o universo. Esses níveis de realidade tão diferentes entre si são, entretanto, inseparáveis. Nós mesmos, seres macrofísicos, não somos constituídos de elementos microfísicos? E a partir de certa densidade, esses elementos não abandonam seu estado microfísico? Estamos diante de mais um paradoxo. Nosso universo comporta níveis de realidade diferentes que não são impermeáveis uns aos outros, mas, ao contrário, necessitam uns dos outros.

CASSÉ & MORIN 🌀 *Filhos do Céu*

M. C. — Mais do que isso, uns não poderiam ser explicados sem os outros.

E. M. — Chegou o momento de propor a questão da simplicidade e da complexidade do universo. Na antiga concepção da física, inclusive a de Laplace, nosso universo era uma máquina determinista perfeita que obedecia a leis simples, a leis fundamentalmente simples. A confusão e a desordem aparentes eram resultantes dos erros e das ilusões de nosso conhecimento imperfeito. Essa visão voou pelos ares, não é mesmo? Nos dias atuais, porém, como conceber que a união do simples e do complexo continua absolutamente problemática? Existe até mesmo uma teoria da grande unificação, na verdade várias teorias por meio das quais se procura estabelecer princípios físicos que, de maneiras diversas, apresentam interações nucleares fortes, fracas e eletromagnéticas. A unidade original que se pretende com isso não é, de modo algum, a simplicidade. Ela supõe não apenas equações bastante complicadas, mas ainda, quem sabe, como você sugeriu, um certo número de dimensões suplementares, além das três que reconhecemos em nosso corpo. Mais do que isso, se na origem de tudo houve uma simplicidade fundamental, seria necessário empreender uma viagem de catorze bilhões de anos para que fosse possível reencontrá-la, uma vez que ela não existe mais. O que existe hoje é um coquetel, combinações variáveis e inumeráveis entre o simples e o complexo. Para formar um átomo de carbono no núcleo de uma estrela,

Abordagens do invisível

por exemplo, é preciso que, num único momento, três núcleos de hélio se combinem.

M. C. — É isso mesmo, três partículas alfa, três núcleos de hélio. Três núcleos de hélio formam um átomo de carbono, assim como 3 vezes 2 são 6.

E. M. — Essa ligação é inteiramente aleatória. Os encontros se produzem incessantemente, mas, uma vez ocorridos, assumem um contorno determinista.

M. C. — Essa coincidência é fértil, sem ela a biologia não existiria.

E. M. — Ela obedece a uma lei, a lei da constituição de um átomo de carbono. Isso significa que tudo o que, a um determinado olhar, parece determinista e obedece a uma lei, a outro...

M. C. — ... Isso quer dizer que a desordem é uma ordem oculta.

E. M. — Será que isso é tão certo assim?

M. C. — Digamos que, de certa forma, essa interpretação envolve um desafio à maneira concebida por Pascal ou ainda à maneira antinietzschiana e que funda a física.

E. M. — Tomemos, por exemplo, a desordem ligada ao calor. Sabemos que essa desordem é uma agitação de partículas que não obedece senão a leis puramente estatísticas. Não se pode, entretanto, controlar a trajetória individual de uma partícula.

M. C. — O princípio epistemológico dominante acredita que, por mais complexos ou estrambóticos que sejam, todos os fenômenos se reduzem a regras simples. A supremacia retorna rapidamente ao reducionismo, quase não se pode imaginar nada mais redutor do que a grande unificação à qual você se refere.

De um a dois

E. M. — A primeira hipótese é a armadilha do *Parmênides* de Platão: se o Um existe, então o múltiplo não existe.

M. C. — Mais ainda, quando o número de objetos tende para o Um e a linguagem para o Zero, há perigo, pois é preciso haver dois para dialogar. Quando os físicos chegarem à equação-chave do mundo, serão assimilados nessa equação e ninguém poderá enunciá-la. Existe, então, uma forma "monoteísta" de abordagem que, pessoalmente, não deixa de me causar inquietação. Por que preferir o Um ao dois? O dois não é, sobretudo, o amor? A dualidade na mecânica quânti-

Abordagens do invisível

ca é aceita e, quando se trata da explicação dos fenômenos, isso é uma bênção. Ela admite como princípio básico: onda e partículas são dialeticamente ligadas, mas não constituem uma unidade.

E. M. — Mais do que isso, eu diria que o dois é o universo. Na verdade, para que haja um universo, é necessário que se opere uma separação. Mesmo infinita, a unidade não pode produzir nenhum universo.

M. C. — Isso permite que se conceba o universo como a relação que temos com a natureza?

E. M. — Sim e não. Consideremos a noção lá mesmo onde ela aparece — o que não deixa de ser divertido —, na Bíblia, no primeiro capítulo do Gênese: "No começo Eloim *separou* a luz das trevas." Não existe criação ou produção que sejam ulteriores, mas uma separação inicial. De modo muito simples, isso significa que, para que exista um universo, é preciso pelo menos o "dois".

M. C. — Na verdade, o Um explode em grande profusão, nisso estão incluídos o big-bang e a separação. O universo, porém, prossegue unificado por suas leis. Ele constitui uma entidade legal.

E. M. — Quando há somente Um, não há nada.

M. C. — Com certeza. Por isso mesmo, a busca frenética do Um pode parecer preocupante. Eu diria que não é necessário ter pressa em alcançar o Um.

E. M. — Concordo com isso. Embora o dois exista no Um e o Um se divida em dois. A multiplicidade sempre aflora na unidade. Se, entretanto, falamos de *um* cosmo, é porque nos referimos a toda a diversidade de seus múltiplos caracteres...

M. C. — Acidentalmente, o termo original *cosmo* também é próximo da palavra cosmética. A etimologia grega remete à noção de ordem e de ornamentos, mas no sentido de que somos nós que secretamos a harmonia e, se queremos, aplicamos a maquiagem.

E. M. — Cosmo, que é mais adequado usar no singular. A singularidade é o Um. O cosmo é Um, não o Um absoluto, mas uma singularidade pura que produz e recobre as multiplicidades. No começo, você mencionou as combinações de princípios simples. Mas sabemos também — e todo o problema da organização simultânea do universo e no universo se encontra proposto aí — que, quando um conjunto de partes se encontra ligado num tipo de organização, a organização do todo produz qualidades e propriedades que não estavam nas partes. A isso damos o nome de emergências, algo que se manifesta, penso eu, desde a criação dos núcleos, depois dos átomos, dos sóis etc. Dito de outra maneira, a complexidade,

Abordagens do invisível

ou melhor, a riqueza qualitativa do universo, aparece justamente nesses encontros organizacionais. Onde existe dispersão absoluta, não existe nada.

M. C. — O que nos leva de volta à sua questão: o que faz com que, num universo que caminha globalmente para a desordem, seja urdida e se trame uma organização? Na verdade, a organização é local, ela se constrói sempre em detrimento do conjunto! Quando construímos uma casa de madeira numa floresta, destruímos a floresta. No nível da escala estelar podemos enfatizar que o mesmo princípio prevalece. As estrelas brilham, mas brilhar implica livrar-se da desordem, isso porque a luz, contrariamente ao que se poderia pensar, é um agente de desordem, uma forma de alta entropia. Vamos imaginar um lago que congela e colocar sobre a superfície desse lago uma espécie de cúpula que reflita a propagação da radiação infravermelha que ele emite; veremos, então, que a água não congela mais. Para que a ordem se constitua num cristal de gelo, numa estrela ou num homem, é necessário permitir que a propagação das radiações coloque a desordem em outro lugar. Em outros termos, se impedirmos que o homem se propague, ele morre. Na verdade, a desordem é eliminada pela luz, seja ela visível ou invisível. Entendo aqui de modo genérico tudo o que é uma irradiação eletromagnética.

E. M. — Isso é verdade, mas a própria luz não nasce de um processo, simultaneamente, organizador e criador de desor-

CASSÉ & MORIN ❧ *Filhos do Céu*

dem? Pensemos apenas nas reações nucleares que ocorrem em nosso Sol, fenômenos simultaneamente ordenados e desordenados: na verdade, não podemos mais separar as noções de ordem e desordem. Num dado momento, uma reaparece sempre em relação à outra. Eis aí algo que me parece importante do ponto de vista epistemológico.

M. C. — Sim, mas algo mais surpreendente ainda talvez seja o fato de que o equilíbrio termodinâmico, ou seja, a existência de uma temperatura idêntica por toda parte, seja concebido como desordem. Mas podemos entendê-lo, também, como uma ordem social, pois o que reina entre as partículas é a democracia. Segundo o olhar de quem o observa, o estado de temperatura uniforme que representa o equilíbrio termodinâmico será concebido como ordem ou como desordem.

3
O UNIVERSO COMO HISTÓRIA

Escriba da natureza

MICHEL CASSÉ — Lamentavelmente, me dou conta de não ter respondido à questão fundamental que você colocou sobre o simples e o complexo e sobre a entropia do universo. Mas antes de respondê-la, gostaria que você compartilhasse de minha inquietude. Fico impressionado e mesmo desconcertado pelo hiato entre a transparência do objetivo da ciência e a opacidade do método. Os princípios da análise encontram-se entre as coisas mais aceitas no mundo. Separar um todo complexo, uma coisa complexa, um problema complexo em diferentes fragmentos religados racionalmente: esse método goza de total credibilidade nos cenáculos científicos e nós o utilizamos todos os dias. Mas as técnicas físico-matemáticas interessadas nessa nitidez são tão esotéricas que fica impossível enumerá-las. A física teórica dilui o mundo

CASSÉ & MORIN 🌀 *Filhos do Céu*

na transparência dos símbolos matemáticos. A natureza não é mais do que um vago sentimento. A teoria divorcia-se do afeto. Por outro lado, porém, o teórico encontra-se nos primórdios do mundo. Ele caminha com toda inocência. A natureza não mente, mas jamais comenta suas declarações. Ela se comunica por meio dos raios, dos céus negros, das árvores. Essa *démarche* que consiste em querer colocar tudo sob a forma de equação, em hieróglifos, essa instância da escritura não pertence mais ao escriba do que à natureza? Ela não impede que nos lancemos todos em uma espécie de introspecção cosmológica? Questão por questão, qual é essa doença do homem, da qual também sou vítima, que o impele a cortejar incessantemente o infinito? Estamos todos contaminados pelo espírito de pesquisa. Que ser é esse que se questiona incessantemente sobre o ser? A cosmologia é uma ambição teológica em vias de desaparecimento? Há temas bastante perturbadores por aí. Como e por que alguém se torna cosmólogo? Será que essa é uma tentativa de buscar a si mesmo na imensidão cósmica? Isso constituiria prova de certa imodéstia. Além do mais, qual é o valor desse discurso? Qual é o valor de verdade desse discurso? Ele é único? Podemos, pelo menos, aferir sua pertinência? Em resumo, qual é o conceito de universo?

EDGAR MORIN — Essa é a lição kantiana que já evoquei anteriormente: a descoberta dos limites da Razão pura não esgo-

O universo como história

ta o desejo de metafísica, mas confronta-o com a necessidade dos limites.

M. C. — Essas interrogações remetem à questão da epistemologia. Podemos admitir que toda tentativa de precisão envolve um mistério? O resultado, no entanto, encontra-se aí: a humanidade esculpiu um tesouro, ela traçou os delineamentos de uma gênese física do cosmo.

E. M. — Uma gênese física ou *material* do mundo?

M. C. — Uma espécie de genealogia da matéria que, *por intermédio* das estrelas, conduz aos átomos, que podem travar relações para criar moléculas que, por sua vez, são capazes de dar surgimento às formas biológicas. Nesse ponto, porém, termina meu discurso. Para nós, cientistas, aqui a gênese se extingue. Na verdade, não existe uma passagem evidente entre a matéria inerte e a matéria viva. Mas o que é a vida? Podemos esperar que algum dia seja possível produzir a vida em laboratório? Já que, para nós, conhecer é produzir. A física das partículas é uma física ativa. A partir do momento em que, em primeiro lugar, possuímos os conceitos e, em segundo, os meios de produzir as partículas, nós as produzimos. Surge, então, por exemplo, o problema da criação de microuniversos. Com efeito, consideramos a possibilidade de produzir os microburacos negros — isso graças ao

Large Hadron Collider,[9] que entrará em funcionamento no CERN.[10] Talvez sejamos capazes de produzir microburacos negros ou partículas de um prodigioso exotismo em laboratório, mas não a vida. A verdadeira vida está em outro lugar. A verdadeira vida encontra-se ausente.

Além das leis

E. M. — Passamos de um problema a outro. Efetivamente, o primeiro deles é a inteligibilidade do universo em termos de simplicidade. Os símbolos matemáticos que dão conta disso são cada vez mais complicados. Eles fornecem uma radiografia do universo e, como no caso da imagem radiológica, vemos o esqueleto, mas não a carne. Dito de outra forma, por meio da matemática só se retém o que pode ser matematizado, o que não pode não conseguirá ser representado.

---

[9] LHC ou Grande Colisor de Hádrons é um acelerador de partículas construído pelo CERN, conselho europeu para pesquisa nuclear. Deverá começar a operar a partir de setembro de 2008, quando se tornará o acelerador de partículas e colisor de mais alta energia do mundo. (N.Ts.)

[10] O CERN (Conseil Européen pour la Recherche Nucléaire) é o maior centro de estudos sobre a física das partículas do mundo. Fundado em 1954, conta atualmente com vinte países participantes. Atrai pesquisadores do mundo inteiro envolvidos com a complexidade da matéria. Localiza-se na fronteira entre a França e a Suíça, próximo a Genebra. (N.Ts.)

O universo como história

Conseqüentemente, símbolos como esses são menos úteis para perceber o universo do que para concebê-lo, além de mostrar que não somos totalmente impotentes. Mas eles são apenas um aspecto do conhecimento. Quando se trata de entender algo, é necessário unir a simplicidade e a complexidade, uma vez que, por exemplo, a ordem, noção simples, e a desordem, outra noção simples, combinam-se ambas de maneira complexa. Nunca poderemos eliminar o fato de que existe certo número de leis; mas, igualmente, jamais poderemos eliminar a complexidade — mesmo antes do começo, e isso porque o vazio não era inteiramente vazio, porque habitado por flutuações.

M. C. — Ele não é nada, a não ser a partir do momento em que é infundido por leis quânticas e relativistas.

E. M. — Existem leis. Elas subsistem, elas atuam. Dito isso, a outra questão que você fez a respeito da gênese da vida aplica-se inteiramente. Um primeiro esclarecimento chegou até nós nos anos 1950, a partir da descoberta de Crick e Watson, segundo a qual não existe matéria viva distinta da matéria físico-química. Dito de outra forma, o que diferencia a vida da não-vida é a organização. Essa descoberta permitiu que se construíssem diversos cenários do surgimento da vida. Um dentre eles, plausível, defende a idéia de que após a formação das macromoléculas formaram-se, também, turbilhões delas. Considerando-se que todo turbilhão é uma força organizadora que tem necessidade de energia externa para

CASSÉ & MORIN ✸ *Filhos do Céu*

prosseguir em seu funcionamento e admitindo-se que, em um dado momento, tal turbilhão contém moléculas capazes de armazenar e produzir energia, a partir de então cria-se a vida. Como? Não podemos sabê-lo. Em contrapartida, e isso sabemos, quando um sistema não possui meios de tratar seus próprios problemas, ou seja, não possui os meios de reagrupar e unir elementos cada vez mais variados, ele pode ser capaz de gerar um outro sistema mais rico, um suprasistema, um metassistema. Com isso, o que se criou foi uma organização viva que dispõe de certo número de qualidades e propriedades — reprodução, movimento, informação etc. Em conseqüência, sabemos que a diferença não é material e sim organizacional.

M. C. — Não vejo diferença entre matéria e organização. A matéria é subordinada a forças físicas conhecidas e repertoriadas. Apenas nossa ignorância nos faz crer que existem cesuras entre um nível de organização e outro, mas não gostaria de interrompê-lo; por favor, continue...

Carbono, DNA e acaso

E. M. — Ocorreu um vasto debate. Inicialmente, os biólogos moleculares pensaram — e Monod[11] ilustrou isso muito bem

---

[11] Jacques Monod (1918-1985). Prêmio Nobel de Medicina e Fisiologia de 1965. (N.Ts.)

O universo como história

em seu livro *O acaso e a necessidade*[12] — que seria necessária uma incrível soma de acasos para que os materiais físico-químicos agrupados produzissem um ser vivo semelhante a um macaco que, usando as teclas de uma máquina de escrever, compusesse as obras de Shakespeare. Em seguida, com a termodinâmica de Prigogine, essa visão, amplamente aceita, passou a ser questionada. Além do equilíbrio e sob certas condições de dissipação da energia se produzem organizações, e a organização viva pôde criar-se justamente dentro das condições turbilhonantes que já descrevi anteriormente. Essa é uma primeira idéia que confere um caráter inteiramente excepcional à criação da vida. A segunda idéia, hoje bastante popular, é a de que a existência não apenas de bilhões de sistemas solares, mas ainda de um número infinito de planetas, alguns deles com condições análogas às da Terra, constitui um fato, assim como a criação de um átomo de carbono no coração de uma estrela requer uma miríade de encontros de núcleos de hélio, assim também é bem provável que exista, existiu ou existirá vida em outros lugares além da Terra. É certo que não faltam argumentos contra essa idéia. É necessário muito mais do que condições excepcionais, é preciso um verdadeiro salto para se passar da não-vida à

---

[12] Jacques Monod. *Le Hasard et la Nécessité*. Paris, Seuil, 1970. Edição brasileira: Jacques Monod. *O acaso e a necessidade. Ensaio sobre a filosofia natural da biologia moderna*. Tradução de Bruno Palma e Pedro Paulo Sena Madureira. 6ª ed. Petrópolis, RJ, Vozes, 2006. (N.Ts.)

CASSÉ & MORIN ❧ *Filhos do Céu*

vida. Além disso, todos os seres vivos possuem exatamente o mesmo código genético, dependem da mesma linguagem de DNA, o que parece indicar que houve um ancestral único e que a vida não pôde nascer diversas vezes sobre a Terra, nem mesmo sob as excelentes condições que aqui reinavam há quatro bilhões de anos. O carbono, que na natureza pode ser polarizado aleatoriamente à direita ou à esquerda, encontra-se polarizado à esquerda na organização dos seres vivos. Ou seja...

M. C. — ... É conhecida a razão da discriminação entre a esquerda e a direita?

E. M. — Não. Isso porque tudo o que ocorre na natureza pertence ao acaso. Em todo caso, o que se sabe é que, entre os seres vivos, ele é sempre levogiro e que na natureza não é.

M. C. — E não sabemos por quê?

E. M. — Mais uma vez digo que não. A única explicação seria a de que, na origem, esse carbono levogiro encontrava-se presente na primeira organização viva e se reproduziu enquanto tal. A idéia não é neutra pelo fato de constituir um argumento em favor da origem única.

O *universo como história*

M. C. — Mas nada resta além do fato de que, na origem, pelo mais puro dos acasos, ele era levogiro. Para mim é difícil acreditar nisso.

Uma curiosidade original

E. M. — Quanto a mim, entretanto, no estado em que as coisas se encontram, considero certas questões insolúveis. Existe uma grande probabilidade de que a vida seja única — embora, com freqüência, o improvável aconteça. Você disse que isso é verdade tanto para a história humana quanto para a história cósmica. Mas até que se obtenha uma informação mais precisa, penso que a vida na Terra só pôde nascer uma única vez e, se não é impossível que ela tenha nascido ou nasça em outros lugares, acreditarei que não teremos nenhuma mensagem que seja oriunda deles e que somos únicos no universo.

M. C. — O que nos transformaria em tesouros. Mas podemos considerar que essa questão permanecerá sem resposta?

E. M. — Não. Novos elementos surgirão. Entenda bem isso, bastaria uma mensagem de um ser vivo, mesmo que não seja constituído de DNA e de aminoácidos, mas de silício ou de qualquer outro componente, de uma única mensagem de um ser vivo, de um ser pensante para que essa questão encontre sua resposta.

CASSÉ & MORIN 🌀 *Filhos do Céu*

M. C. — Essa, no entanto, não é bem minha pergunta. Preocupo-me em saber se existe o inconhecível definitivo.

E. M. — Também acredito nisso. Mas não sabemos onde se situa a fronteira entre o inconhecível provisório e o inconhecível definitivo; a fronteira entre o enigma que um Édipo pode, enfim, desvelar e o mistério que mente nenhuma pode elucidar. Penso que exista mistério no universo. Você menciona nossos olhos, produzidos no meio ambiente da radiação solar. O que dizer, então, de nossa mente, gerada no meio ambiente de uma evolução na qual os seres vivos, principalmente os hominídeos e, depois, os humanos, foram obrigados a resolver problemas práticos e problemas técnicos? Uma espécie de enfermidade ocorreu, então, no volumoso cérebro que se desenvolveu no *Sapiens*. A curiosidade já existia entre os chimpanzés, os camundongos e entre nossos primos mamíferos, mas ao questionar as estrelas, desde as primeiras civilizações na mais remota Antiguidade, o *Sapiens* a tornou hiperdesenvolvida. Exploradora do mundo, com Colombo e Vasco da Gama, essa curiosidade transformou-se em exploração do planeta, para, atualmente, converter-se numa exploração do universo. O problema, no entanto, permanece. Acredito que permanecerá para sempre, muito mais ainda do que o do inconhecível e o do mistério. Façamos uso de uma metáfora, a do matemático Spencer Brown. Imaginemos, em seguida, que o universo queira conhecer a si próprio. Ele, porém, não pode fazer isso devido à proximidade

O universo como história

que tem consigo mesmo. Para que haja conhecimento, precisamos de uma certa distância. Por isso, o universo vai fazer com que brote dele mesmo uma espécie de pedúnculo, de pseudópodo e, em seguida, vai distendê-lo...

M. C. — ... Dotando-o de um olho...

E. M. — Isso! É isso mesmo. Na extremidade desse pseudópodo, ele vai colocar um olho, até mesmo um cérebro; mas, no momento em que a operação obtém êxito, no momento, enfim, em que essa extremidade dispõe de um cérebro, um olho e é capaz de enxergar o universo, a conquista se revela um fracasso, pois o distanciamento se revela grande demais. É aí que reside todo o problema.

M. C. — Magnífica metáfora!

A *memória da memória*

E. M. — Somos, simultaneamente, filhos do universo e estranhos ao universo. Você se recorda de um determinado banquete no Castelo de Beychevelle, no decorrer do qual, entre as finas iguarias e vinhos, um convidado lhe perguntou: "E você, senhor astrofísico, o que vê dentro do meu copo?"

CASSÉ & MORIN 🌀 *Filhos do Céu*

M. C. — Eu lhe respondi que numa gota de vinho, assim como numa gota de água, bebe-se o universo inteiro, isso porque ele transborda de hidrogênio originado da explosão original e de oxigênio emitido pelas estrelas...

E. M. — ... E você continuou a falar, referindo-se ao carbono proveniente de um Sol anterior ao nosso. Ao descrever a cadeia das macromoléculas que se agruparam sobre a Terra primitiva durante a evolução biológica, principalmente a evolução vegetal, da qual surgiu a videira selvagem, ao se referir à humanidade mediterrânea que cultivou essa videira e dela extraiu o suco da uva, até chegar aos procedimentos técnicos mais modernos para controlar a fermentação, você convidava seu interlocutor a ver dentro de seu copo...

M. C. — ... O universo inteiro...

E. M. — ... Toda a história da humanidade, a história da vida e a história do cosmo. É por essa razão que você fala de um *antropo-cosmo*. Cada um de nós é um microcosmo que contém em si a totalidade do universo. O microcosmo não é, por isso, um espelho, como acreditavam os antigos herméticos. Segundo o princípio do holograma, que desenvolvi em *O método*, ele corresponde muito mais a um ponto que contém em si a totalidade da informação, ao mesmo tempo que se apresenta radicalmente singular. Da mesma forma que uma simples célula de nossa pele ou do nosso baço que, em sua

O *universo como história*

singularidade, contém a totalidade do patrimônio genético. Somos hipersingulares, mesmo tendo o universo inteiro dentro de nós. Isso, porém, não ocorre sem conseqüências. De acordo com suas palavras, ao retornar a essas cóleras do universo, a essa violência, como você mesmo disse, e contemplar essa história cósmica plena de ruído e de furor, como deixar de pensar na história humana, segundo a própria fórmula de Shakespeare?

M. C. — Exatamente isso!

E. M. — Ao falar da vida humana e da história humana surge sob nossos olhos o desfile incessante dessas explosões, dessas colisões de estrelas, dessas galáxias antropófagas que se devoram umas as outras; a esse espetáculo sobrevém, inevitavelmente, o espetáculo da natureza, particularmente o oferecido pela humanidade. Quanto mais o conjunto dos nossos saberes nos induz a repudiar o antropocentrismo, ou seja, a idéia de que seríamos o centro do mundo, tanto mais se impõe a necessidade de recorremos ao antropomorfismo, na medida em que nele existem analogias a serem levadas em conta...

M. C. — ... Uma pesquisa que poderíamos chamar de poesia...

E. M. — ... Trata-se mesmo de poesia. A pesquisa é metafórica. Transportamos uma imagem de um ponto a outro. Por exemplo, quando censuramos uma velhinha "por conversar com seu cachorrinho" como se ele fosse um ser humano, trata-se de antropocentrismo ou antropomorfismo? Nós mesmos somos mamíferos e, assim, sabemos que os mamíferos têm sentimentos, afetos, sentem cólera, alegria etc. Por isso, no fundo, essa vovó se revela mais cientista do que um cientista reducionista.

M. C. — E, dessa forma, deixamos de lado o cartesianismo!

O elogio da religação

E. M. — De fato, faz muito tempo que ultrapassamos o cartesianismo. Na verdade, a questão é a seguinte: será que devemos perpetuar o universo com todo seu furor, sua violência e sua criatividade também, ou não nos podemos alforriar de uma história tão cruel e, de alguma forma, civilizá-la? Esse tipo de regulações espontâneas acontece nos ecossistemas naturais. É certo que, com freqüência, elas se realizam por meio do massacre, da destruição e da morte, que se revela uma extraordinária reguladora. Pensemos nos ovos de peixes e de insetos que foram aniquilados. Mas nós, sociedade humana, tentamos regular as coisas de outra forma sem ser pela morte; para isso recorremos às instituições, à justiça e à solidariedade. Portadores dessa violência furiosa do cosmo, não podemos nos abstrair de seu caráter criador e organiza-

O universo como história

dor, mas, simultaneamente, tentamos nos civilizar. Não conseguimos fazer isso. Mas deveríamos.

M. C. — Sinto em suas palavras um apelo à metafísica *a posteriori*. Em lugar de fixar o mundo, de fazê-lo passar pelo filtro dos nossos preconceitos, de nossas pré-concepções, seu argumento nos convida a sentir o mais profundo respeito pela estrutura do que poderíamos chamar de mundo — que, definitivamente, prefiro ao termo realidade, palavra vazia que tem necessidade de ser explicitada.

E. M. — Existem diversas formas de realidade, ou diversas realidades, esse é o problema!

M. C. — Mas, com isso, você não deixa de afirmar que uma observação atenta das coisas poderia nos ajudar. Para isso, no entanto, seria necessário possuir um olho que não fosse monocromático e, assim, exercitasse a *onividência*.

E. M. — Afirmei e escrevi que o cosmo nos havia feito à sua imagem, mas escrevi, também, que somos seus órfãos. Filhos do céu e órfãos do cosmo!

M. C. — Somos, de fato, órfãos do zodíaco. Aliás, o que me propicia a ocasião de ressaltar como a astrologia, com seu suntuoso simbolismo, não deixa de ser falsa até mesmo na concepção de seus elementos. Associar o ferro a Marte, sob o pretexto de que o ferro enferruja, e o pobre Saturno ao chumbo e à morte, é uma aberração, pois o chumbo provém das estrelas, assim como o ferro e o ouro. Quanto ao mercúrio, metal vivo como um azougue, prata viva, ele nada tem a ver com o dito planeta. Por isso, se a astrologia, historicamente ligada à alquimia, deve sobreviver — pessoalmente não sou nem um pouco a favor de que ela perdure, mas sejamos tolerantes —, ela precisaria ser corrigida. A origem dos elementos é para ser referida às estrelas, e não aos planetas.

O que retenho desse argumento simples e incidental é que somos afligidos pelo espírito investigativo. O que significa isso? Existo na medida mesma da incompletude, e como o universo criou o homem à sua própria imagem, o universo é incompleto. Em contrapartida, porém, o que a incompletude cria? A busca da alteridade. O universo encontra-se em expansão, uma expansão infinita que ainda prossegue. A partir disso, qual é o conceito que pode corresponder a ele? Para mim, afirmo que é a poesia ou o amor. O que mais pode expandir-se infinitamente, a não ser o arrebatamento amoroso ou poético?

E. M. — Não poderíamos imaginar, então, que as formas arcaicas do amor se encontram nas atrações estabelecidas entre as partículas nos primeiros segundos do universo, ao mesmo tempo que surgiam, também, as formas arcaicas do ódio e da destruição?

O *universo como história*

M. C. — Essa é uma maneira de ver as coisas.

E. M. — Existe também a palavra religação, da qual gosto muito, introduzida por Marcel Bolle de Bal[13] e que, a meu ver, é perfeita para ressaltar tudo aquilo que pode nos unir — solidariedade, amizade, amor etc. Desde os primórdios do universo, sempre houve, simultaneamente, conflito e complementaridade entre o que desune, separa e destrói e o que agrupa, une e religa. Há moléculas que, depois de terem sido criadas a partir de diversos átomos, amam umas às outras, se conectam e se religam entre si. Quanto mais penso que a projeção metafórica deve ser usada com reservas — mas sem sentir medo disso —, mais acredito — talvez para chegar a uma conclusão da idéia de *antropo-cosmo* — que os laços no universo são prodigiosos, que os laços que nos unem ao universo são múltiplos e que, no fundo, somos inconscientes do fato de que trazemos o universo dentro de nós.

M. C. — E de que se pode morrer por carência de universo, como afirma meu amigo Yves Simon.[14]

---

[13] Marcel Bolle de Bal (Schaerbeek, Bélgica, 1930-). Sociólogo, professor emérito da Universidade Livre de Bruxelas. De sua vasta bibliografia destacam-se *La Reliance. Voyage au coeur des sciences humaines* [A religação. Viagem ao coração das ciências humanas], 2 vols. Paris, L'Harmattan, 1996, e *La Fraternité maçonique* [A fraternidade maçônica], Paris, Edimaf, 2001. Para Bal, a religação se efetiva em três níveis: individual, social e cósmico. (N.Ts.)
[14] Yves Simon (1903-1961). Filósofo político. Membro ativo da Resistência Francesa durante a Segunda Guerra Mundial. (N.Ts.)

E. M. — Como podemos morrer por excesso de universo. É por isso que hoje, assim como no passado, as cosmologias são constitutivas da história. No seio das "grandes" assim como das "pequenas" civilizações, religava-se o homem ao universo — ou a tudo o que acreditávamos que ele era. Havia até mesmo a idéia de que os homens deveriam ajudar o universo a prosseguir em seu caminho. Daí os sacrifícios humanos que os sacerdotes astecas realizavam — sobretudo em anos solares importantes —, arrancando o coração dos jovens. Essa crueldade tinha uma função social vital. Para eles, sem esse rito, o Sol morreria.

M. C. — Paradoxalmente, durante séculos, a sociedade ocidental nunca colocou a questão do alimento do Sol. Somente no século XX, graças à física nuclear, chegamos a explicar as miríades de uniões que ocorrem no núcleo do Sol, cujos suspiros de exultação e clamores de alegria recebem o nome de luz.

4
A FLECHA DO TEMPO

Um retorno paradoxal

EDGAR MORIN — Nossa situação atual é das mais interessantes do ponto de vista do pensamento e do conhecimento. Presenciamos um retorno do tempo, inicialmente visível nas ciências humanas e até mesmo, de modo notável, nas ciências históricas. Trata-se de um fenômeno muito curioso, pois, no início do século XX, toda uma corrente da história pretendera eliminar o acontecimento reduzindo-o a algo destituído de qualquer valor. Guerras, batalhas, reis, nada disso era considerado importante ou interessante. As únicas coisas levadas em conta eram as estruturas econômicas e as lentas evoluções. Tratava-se de uma história quase imóvel e bastante determinista. Há alguns anos, os historiadores retornaram ao acontecimento, isso porque o próprio acontecimento retornou por meio da biologia — e, também, da física.

CASSÉ & MORIN 🌀 *Filhos do Céu*

MICHEL CASSÉ — Deduz-se disso que o retorno se efetivou sob o signo da flecha do tempo.

E. M. — Sim. No campo da biologia, o tempo foi introduzido no século XVIII, a partir do momento em que se ultrapassou o fixismo das espécies e que surgiram as teorias da evolução, com Lamarck. Nessas concepções já existe uma história da vida, na qual o acaso desempenha um papel — desde Darwin isso já ocorria, embora com um elemento de racionalidade que é a seleção natural —, uma história na qual as catástrofes acontecem. Por exemplo, um cataclismo, sem dúvida ligado à queda de um meteorito, que talvez tenha causado um vulcanismo, que, por sua vez, provocou a extinção dos dinossauros e de numerosas espécies vivas. Antes do terciário, duas catástrofes de imensas proporções modificaram essa história da vida, pois se os dinossauros desapareceram com a extinção da vegetação, durante muito tempo, e de forma abundante, eles serviram de alimento a pequenos mamíferos, animais carniceiros que foram nossos ancestrais. E aqui estamos nós, isso talvez porque os dinossauros morreram. O tempo e a história penetram na biologia. Além disso, como afirma François Jacob,[15] quando observo a divisão de uma célula, vejo toda uma história. Sabemos hoje que essa história começa antes mesmo dos policelulares, na época dos uni-

---

[15] François Jacob (1921-). Prêmio Nobel de Biologia de 1965, membro da Academia Francesa. (N.Ts.)

A flecha do tempo

celulares com a diversificação das bactérias. Estamos em plena história, história essa que a física clássica havia expurgado inteiramente de seu domínio. As leis da física eram irreversíveis. A primeira perturbação ocorreu com o segundo princípio da termodinâmica, pois, como você afirmou, havia uma flecha do tempo, ou seja, quando os ovos eram quebrados, eles jamais poderiam tentar se reconstituir. Restou, então, à cosmologia, campo do conhecimento do qual você é um eminente representante, restabelecer o tempo no universo. A partir de então, na qualidade de elemento fundamental, o tempo é encontrado em toda parte, na física, na biologia e no mundo do homem. Quanto ao espaço, tudo indica que ele está em vias de se perder.

M. C. — Exatamente. O espaço foi perdido porque, no final das contas, todos os lugares se equivalem. Em contrapartida, o tempo foi reencontrado. Mas o tempo ligado ao espaço! A prodigiosa flecha do tempo — uma vez que existe um tempo para cada ser, um tempo para o conjunto dos seres e que ambos coincidem — continua a ser a do tempo regido pela extensão do espaço. O espaço se dilata e, desse modo, a medida da escala de distância fornece uma medida do tempo. No princípio, a escala era pequena, proporcional à distância dos objetos que se mantinham muito próximos, isso porque o espaço era muito restrito, ao passo que agora eles se encontram muito afastados, uma vez que a expansão fez seu papel. Portanto, o espaço implica o tempo. Por exem-

CASSÉ & MORIN 🌀 *Filhos do Céu*

plo, se tomamos duas galáxias, sempre as mesmas, e as seguimos, medindo continuamente seu afastamento, temos uma medida do tempo. Se invertemos, porém, essa intenção, se fazemos com que o filme seja passado de trás para a frente, e essas galáxias se aproximam até se juntarem, temos, então, uma estimativa da idade do universo. Quando estavam juntas, era o começo, pelo menos o começo da expansão, ou, mais do que isso, o começo do universo que podia ser conhecido ou, ainda, o começo do discurso sobre a origem do universo, e não a origem absoluta, que permanece indefinível no sentido de que o tempo zero é um instante de um tempo que ainda não existe.

E. M. — Mas é procedente supor que, antes do tempo zero, há flutuações nesse vazio primordial e que essas flutuações constituem pequenos acontecimentos.

M. C. — Sim, mas a noção de tempo não se aplica a essa etapa, na qual o universo é quase quântico. As belas caravelas deterministas da cosmologia, de nosso pensamento racional clássico, se perdem na espuma do tempo, isso porque uma verdadeira catástrofe conceitual ocorre — que talvez não seja definitiva, pela simples razão de que ela é puramente conceitual —, ligada ao fato de que o próprio tempo torna-se uma entidade quântica e, portanto, flutuante. Se, porém, o tempo flutua como a linguagem, não se pode, então, afirmar nem pensar nada.

A flecha do tempo

Sobre a eternidade e a entropia

E. M. — Sobre esse tema há algo que me parece verdadeiramente estranho. Você faz alusão à não-localidade, ao fato de que, na microfísica, não existe causalidade local. Desse ponto de vista microfísico, tudo o que interagiu no passado encontra-se em conexão imediata numa velocidade infinita. Isso quer dizer que nesse exato momento...

M. C. — ... Mas não se trata de um signo físico; o que está em jogo é, sobretudo, um conhecimento que se estende...

E. M. — ... Um conhecimento mais imediato, que ultrapassa a velocidade da luz. Isso significa que tudo aquilo que foi separado é, de certo modo, inseparável.

M. C. — Isso procede, embora eu não sinta muito entusiasmo em falar sobre esse assunto.

E. M. — Sem nos darmos conta disso, verificamos essa inseparabilidade em todas as dimensões de nossa realidade social. Quando em uma sociedade os indivíduos são levados em consideração, eles aparecem claramente como separados uns dos outros; se a ótica mudar, porém, se passarmos do indivíduo à sociedade, esses indivíduos parecem, então, partes inseparáveis no interior da organização social. Este é igualmente o paradoxo do indivíduo e da espécie: a noção de espécie representa uma continuidade que se efetiva por meio da reprodução e do DNA; não obstante, cada indivíduo encontra-se expressamente separado de qualquer outro indivíduo e, sobretudo, separado no tempo. Dito de outra maneira, tudo o que se encontra separado é, simultaneamente, inseparável. Que paradoxo! Não se poderia considerar, desde então, que tudo está situado no tempo, mas que tudo o que está no tempo encontra-se, simultaneamente, numa dimensão além e aquém do tempo?

M. C. — Na verdade, tudo o que está no tempo não existe, isso é o que diria um platônico autêntico. Um aristotélico, no entanto, se oporia a isso, afirmando que a física é a ciência do tempo, o tempo é a medida da mudança e que, sem a mudança, o tempo não existe — o que conduziria a uma visão inteiramente evolutiva ou evolucionária das coisas. Mas não existe a eternidade na física, como demonstram as leis da conservação? Nada se perde, nada se cria, a energia é uma quantidade que se conserva.

E. M. — Mas apenas a partir do momento em que o universo existe.

M. C. — Sim.

E. M. — Então, ela seria eterna?

M. C. — Para a bolha existe a semi-eternidade. A eternidade existe no futuro, mas não no passado, uma vez que ela já nasceu, pelo menos é o que parece. Mas que nascimento é esse e qual o destino de uma bolha? Conforme você mesmo colocou, a entropia é a noção crucial. Além da questão local, para um universo que é totalmente não-homogêneo, que é infinito e contém uma infinidade de universos, eles mesmos infinitos, é possível aplicar as regras clássicas da entropia destinadas aos sistemas fechados? Ignoro esse fato.

Quando morrem os astros

E. M. — As regras clássicas da entropia atuam, entretanto, nos diversos sistemas organizados que se encontram no universo.

M. C. — Mas se o universo é um buquê infinito de cosmos infinitos?

E. M. — ... Não se poderiam fazê-las atuar no próprio universo. Mas no sistema solar...

M. C. — ... Isso não, porque o universo é aberto, o Sol é aberto, tudo é aberto. As comunicações se efetivam por toda parte, e já que mencionamos as dimensões suplementares, a questão também se refere a elas. Tudo se dissipa, como se estivéssemos diante de um balde furado. Há perdas por toda parte e nada é isolado. Em tais condições, a famosa lei da entropia pode ser aplicada ao universo multidimensional? Em conseqüência disso, o que dizer da lei da conservação de energia? Aliás, o que é a energia do universo? Será que eu mesmo sei o que é isso? Consigo representar a energia de um sistema fechado, de um sistema definido ou de um objeto utilizando as equações clássicas da física. Mas como o cosmo é o sistema que nosso diálogo objetiva explorar, não tenho certeza de que se possa aplicar a ele outra coisa que não a noção de energia. Na relatividade geral, a essência permanente não é a energia, mas sim um misto de energia e de quantidade de movimentos representado pelo tensor energia-impulsão.

E. M. — Retomemos, entretanto, essa idéia de fechamento e de abertura. É certo que a entropia é primeiramente definida para os sistemas fechados, mas pôde ser generalizada nos sistemas organizados quando os físicos começaram a refletir sobre a vida a partir do segundo princípio da termodinâmica. Schrödinger,[16] para citar apenas ele, inspirou-se no paradoxo segundo o qual, normalmente, o ser vivo deveria começar a degradar-se desde seu nascimento, enquanto, ao

---

[16] Erin Schrödinger (1887-1961). Físico reconhecido por suas contribuições à mecânica quântica, em especial pela sua famosa equação, e Prêmio Nobel de Física de 1933. Seu experimento conceitual mais importante tornou-se conhecido com o "Gato de Schrödinger". (N.Ts.)

A flecha do tempo

contrário, ele pode se desenvolver. Bastante engenhosa, mas apenas na aparência, a solução encontrada por ele consistia em afirmar que o fenômeno do decréscimo da entropia, ou seja, a neguentropia, algo constatável nesse ou naquele ser vivo, aumenta a entropia de seu meio. Por exemplo, o Sol é constituído de uma reserva, alimenta-se dele mesmo, mas assim que tiver devorado sua própria matéria, ele acabará por explodir e desaparecer.

M. C. — O Sol não vai explodir, mas irá converter-se num cadáver, ao qual damos o nome de anã branca, quase eterna. Falamos da morte do Sol e isso constitui um erro grave. Se quisermos interpretar assim, a morte de uma estrela é a passagem de uma "perfeição luminosa" para uma "perfeição obscura". Nesse sentido, algo sempre permanece.

E. M. — Concordo com isso, mas a morte de um ser vivo é a passagem de uma organização para algo constituído de fragmentos dispersos. Isso quer dizer que, materialmente, nada morre.

M. C. — Na verdade, somos seres mortais feitos de elementos imortais.

E. M. — Alguns deles são imortais. Seria interessante saber o que restaria do universo em um estado final de dispersão como esse. Subsistiriam alguns prótons gigantescos?

CASSÉ & MORIN 🌀 *Filhos do Céu*

M. C. — A um prazo muito longo, o futuro depende, de fato, da eternidade ou da não-eternidade do próton, suporte material de todas as coisas. Duas possibilidades se apresentam. Ou o próton é eterno ou ele é instável, o que não é impensável. Não resta dúvida de que ele perdurou até o presente. As teorias da grande unificação destacam, porém, que, a despeito de uma extravagante expectativa de vida — que se representa pelo número 10^{35} anos, portanto o número 1 seguido por 35 zeros! —, *a priori* o próton não é imortal. Além disso, os buracos negros, que eram pensados como algo definitivo, como a imagem da morte no céu, se evaporariam e não seriam mais nem buracos, nem negros, mas sim contornos cinzentos. Num tempo determinado, tudo estaria completamente desfeito e só subsistiriam os fótons e os neutrinos, formas eternamente estáveis por serem idealmente leves. Isso significa que não existe nada absoluto. Nem morte e nem vida absolutas. Nem o nada absoluto nem a presença absoluta.

E. M. — Em um poema fantástico, T. S. Eliot[17] afirma que a morte do universo se assemelhará a um murmúrio. É verdade que não existe vida absoluta e nem morte absoluta, mas sim uma relação inseparável entre esses dois termos.

---

[17] Thomas Stearns Eliot (1888-1965). Poeta modernista, dramaturgo e crítico literário. Seu ensaio *Notas para uma definição de cultura* [Prefácio de Nelson Ascher, tradução de Geraldo Gerson de Souza, São Paulo, Editora Perspectiva, 1988] é um dos textos mais discutidos pelas ciências humanas e pela antropologia em particular. (N.Ts.)

A flecha do tempo

M. C. — Isso é exato, não há mais o retorno absoluto do mesmo. À luz da ciência e da cosmologia contemporâneas, o mito ateu do eterno retorno não é plausível.

E. M. — No momento, ele está sendo até mesmo rejeitado. Se a um período de expansão sucede-se um período de contração, o novo universo não seria o mesmo.

M. C. — Com toda probabilidade, ele não seria necessariamente idêntico.

O *círculo e a espiral*

E. M. — Pensador dos mais profundos e profícuos, de intuições fabulosas, Nietzsche também persistiu nesse erro fundamental...

M. C. — ... Sua idéia do eterno retorno.

E. M. — Um pouco mecânica e circular demais...

M. C. — ... Mas Nietzsche não foi o único. Platão fez o mesmo com sua teoria do grande ano,[18] os hindus também.

---

[18] Pertencente ao campo da astronomia, a chamada *teoria do grande ano* refere-se ao movimento cíclico dos equinócios causado pela ação perturbadora do Sol e da Lua sobre a dilatação equatorial da Terra e que tem um período de aproximadamente 26 mil anos. (N.Ts.)

O tempo foi concebido ora como uma flecha, ora como um círculo; atualmente, entretanto, a visão triunfante é a concepção judaico-cristã da flecha.

E. M. — Essa flecha, entretanto, assumiu a forma espiralada.

M. C. — Na consciência dos homens, sim, um pouco como a evolução foi concebida no marxismo, mas não no cosmo.

E. M. — Por isso, essa forma espiralada que existe em nosso mundo terrestre é, simultaneamente, organizadora e desorganizadora. Criam-se partículas nas quais as moléculas reunidas formam um turbilhão que se auto-sustenta, digamos, pelo simples fato de que as partículas e as moléculas se dispersam. Há um fluxo e uma estabilidade. Além de tudo, essa fantástica forma energética da rotação turbilhonada foi utilizada pelos humanos para construir moinhos e turbinas. É espantoso que essas formas espiraladas e turbilhonantes sejam encontradas com tanta freqüência nas fotos da formação das galáxias e estrelas que você me mostrou. O importante é o momento em que ocorre um fechamento sobre si mesmo, ou seja, o momento em que o "si" é criado. Para que haja o "si", algo que seja um ser, é necessário que ocorra um fechamento, pois, se não for dessa maneira, a dispersão não tem fim.

A flecha do tempo

M. C. — Na verdade, você afirma que o além-mundo encontra-se ligado ao que existe aqui na Terra. Trata-se de uma idéia bem simpática. Dado que já exploramos o além-mundo de maneira efetiva, chegamos à idéia de que lá é como aqui e que é inteiramente inútil procurar pelo paraíso. Não sei se é necessário alegrar-se com isso, mas não existe mais um outro lugar, todos os pontos se equivalem; antes de tudo, o tempo é linear e não retornamos à calorosa doçura da infância. Quer seja platônico ou outra coisa, o além-mundo é aqui mesmo.

E. M. — No meu entender, uma idéia que permanece inconcebível é a da ressurreição dos corpos, idéia que aparece com os fariseus e com São Paulo, no fim do Império Romano. O lado de lá de uma vida além da morte me parece pouco plausível, embora ainda possa manter alguns pontos de interrogação sobre esse assunto. O além-mundo já existe entre nós. Todo o universo que você descreve encontra-se além de nossos sentidos imediatos.

M. C. — Não nos encontramos mais no deserto dos sentidos porque inventamos as próteses. Não estamos mais no deserto do espírito porque existe muito de espírito nessa matéria.

A consciência como emergência

E. M. — Como não somos teístas, admitimos que o espírito não se encontra na origem. Ele é uma emergência, e não resta dúvida de que se trata de uma emergência da emergência. Diferente do inglês, o francês infelizmente usa a mesma palavra para dizer duas coisas diferentes: *esprit*, o princípio mental, *mind*, mente, e *esprit*, o princípio espiritual, *spirit*, o espírito. Mas o espírito, no sentido de *mind*, mente, emergiu do cérebro num dado momento da hominização, no momento em que a linguagem e a cultura foram necessárias para que as virtualidades desse cérebro humano pudessem se efetivar. A mente emerge do cérebro porque existe sociedade, cultura e linguagem. Dito de outra forma, é a ligação entre o cérebro humano, a sociedade e a cultura humanas que faz emergir a mente. A partir do instante em que emerge, com tudo o que o psiquismo comporta, a mente traz consigo essa capacidade reflexiva. Ela pode refletir sobre tudo o que sabe, assim como Montaigne refletiu sobre si próprio. O que denomino mente, portanto, é essa qualidade reflexiva de segundo grau capaz de se distanciar de si mesma e, em seguida, reencontrar-se. Em sua reflexividade, a mente surge como a emergência suprema. Ela é, sem dúvida, a qualidade suprema do ser humano. Tudo o que é supremo é, também, o que há de mais precioso e frágil — a flor, a juventude, a beleza. A consciência é muito frágil, mas é, simultaneamente, a mais preciosa das qualidades. Quando você se pergunta se o

A flecha do tempo

homem pode ser aperfeiçoado, acho que a resposta é que ele só pode melhorar se aprimorar sua consciência.

M. C. — De qualquer maneira, o homem se salva da amnésia cósmica por meio da ciência, pois a matéria que pensa e fala, ou seja, eu e você, se debruça sobre seu passado de matéria inerte, estelar e nebulosa e sobre seu passado de vazio.

E. M. — Talvez tenhamos muitas ilusões sobre nossa capacidade de memória. Por mais que ela seja real, não nos esquecemos menos, a cada manhã, salvo algumas exceções, dos numerosos sonhos que tivemos durante a noite. Nós funcionamos com a amnésia. Não sabemos o que sabemos. Mesmo sem saber, sabemos que carregamos em nós a totalidade do universo físico e biológico. Nossa mente não sabe disso. Nesse caso, também, acredito que seja necessário unir duas noções...

M. C. — ... O saber e o desconhecimento.

E. M. — Mais do que isso, o conhecimento e o desconhecimento. Considerando-se que nosso modo de conhecer é baseado em especializações múltiplas e separadas, na disjunção dos elementos de conhecimento de algo que, no entanto, é único; para compreender, por exemplo, o semblante de uma pessoa ou a condição humana, precisamos mobilizar a cosmologia, a microfísica, a física...

CASSÉ & MORIN 🌀 *Filhos do Céu*

M. C. — ... Todas elas disciplinas para as quais você sempre reservou um lugar importante...

E. M. — ... Mas também as ciências biológicas e, é claro, as ciências humanas, que são separadas umas das outras, e, enfim, a literatura e a poesia. Trata-se de tentar tecer, de procurar reencontrar um semblante humano sem anular todas essas dificuldades, todas essas zonas de sombra, mas, por meio delas, religar os conhecimentos produzidos nessas diferentes ciências. Acredito que isso pode ser feito, foi o que tentei em meu livro *A identidade humana*.[19] É claro que o trabalho permanece inacabado e, em certo sentido, trata-se de algo inacabável, mas que sempre pode ser retomado; eventualmente, alguns elementos podem ser destruídos e substituídos por outros de acordo com a evolução dos saberes. Nos dias atuais, sobretudo, o imperativo é religar o humano — sem deixar de reconhecer sua originalidade, sua especificidade, sua unicidade — à sua natureza animal e biológica e à sua natureza física e cósmica.

M. C. — Esse é um dos meus sonhos, um de meus desejos mais profundos, infelizmente muitas vezes incompreendido

---

[19] Edgar Morin. *La Méthode, tome 5. L'Humanité de l'humanité. L'Identité humaine*. Paris, Seuil, 2001 [O método, tomo 5. A humanidade da humanidade. A identidade humana], tradução de Juremir Machado da Silva, Porto Alegre, Sulina, 2002. (N.Ts.)

A *flecha do tempo*

no cenáculo da astrofísica. Com todo fervor, apelo para um humanismo estelar e, nesse sentido, afirmo que nós, cientistas, escalamos as encostas de uma montanha muito escarpada, cujo cume, entretanto, já se encontra ocupado pelos poetas e pelos matemáticos. Alguns dão as costas a tudo porque morrem de medo; eu, no entanto, sinto grande alegria com isso. Permita-me dizer-lhe que o considero um marrano copernicano.

E. M. — Aceito a expressão, que, como você sabe, me causa prazer.

5
RUMO AO *ANTROPO-COSMO*

A *expansão, a frenagem e a aceleração*

MICHEL CASSÉ — Para voltar ao tema em dimensões mais precisas, gostaria de estabelecer aqui um balanço geral da cosmologia, uma espécie de inventário do universo a partir da observação. Os átomos são como violinos. Eles emitem notas de luz, da mesma forma que os instrumentos emitem notas de música. Aprendemos a ler suas pautas musicais nos laboratórios, ao estudarmos as chamas e raios artificiais que podem ser produzidos por meio de descargas elétricas. Na verdade, cada átomo possui sua própria assinatura — o que denominamos raios de emissão ou de absorção. Em outros termos, quando decompomos a luz, vemos aparecer, claramente, no que denominamos espectro, as assinaturas de uma diversidade de átomos que não são nada mais, nada menos do que os átomos que constituem o nosso corpo.

CASSÉ & MORIN 🌀 *Filhos do Céu*

Diante disso, por que nos deslocarmos se a luz vem até nós? Trata-se de uma apologia da preguiça. No entanto, quando se observa a luz que provém das galáxias distantes, percebe-se que existe uma decalagem. Os comprimentos de onda, ou seja, as notas da partitura, encontram-se em ligeira decalagem, à semelhança do som agudo produzido por um trem que passa por nós: quando ele vem em nossa direção, a nota é mais aguda; quando ele se afasta em direção oposta, a nota é mais grave. O mesmo acontece com a luz. Em conseqüência, adquirimos a convicção de que o universo está em expansão, isso porque a luz das galáxias distantes encontra-se deslocada na direção do vermelho. Ela é mais vermelha do que a que se observa por meio dos mesmos átomos em nossos laboratórios. Dizer, por exemplo, que uma estrela encontra-se a quatro anos-luz, significa afirmar que a luz que chega até nós levou esses quatro anos para nos alcançar. Existe um anacronismo nisso. Quanto mais longe observamos, portanto em decalagens espectrais elevadas, mais remontamos no tempo. Dessa forma, gradualmente, lemos a história do universo. Por outro lado, porém, a velocidade de recessão dos objetos — uma vez que as galáxias parecem se afastar de nós — aumenta em função da distância. Podemos estabelecer uma espécie de conexão entre a decalagem espectral e a expansão do espaço. Mais recentemente, ao estudar essas estrelas que explodiram, às quais damos o nome de supernovas, e que, semelhantes a faróis, nos permitem delimitar o universo, percebemos que a expansão do universo se

Rumo ao antropo-cosmo

acelera. Até então, pensávamos que sob o efeito da atração da matéria pela matéria, que denominamos gravidade, a expansão do universo iria se desacelerar. Existe, portanto, um agente que acelera a expansão do universo. O universo é dotado de um freio, que é a atração da matéria, mas, também, de um acelerador. Trata-se de um magnífico Cadillac.

EDGAR MORIN — Que pressiona os dois pedais simultaneamente.

M. C. — Isso mesmo. Esse universo, que não tem nada de simples, possui capacidades de aceleração e retração. Parece, contudo, que na época atual ele está em aceleração. Nós nos encontramos num momento de diáspora. Uma diáspora cósmica que se pauta por um afastamento certamente irreversível das galáxias, a menos que o acelerador sofra uma avaria. Enunciadores de extraordinárias novidades, de novidades de envergadura, nem boas nem más, os cientistas e cosmólogos dos novos tempos, por caminhos os mais variados, reconhecem a expansão eterna das três dimensões do espaço que nos são perceptíveis. Quanto às dimensões ocultas, se é que elas existem, eles não podem referir-se a elas, pois, no momento, ignoram sua história que é completamente separada. Entretanto, os teóricos do microcosmo declaram *urbi et orbi* a existência no espaço de cerca de seis a sete dimensões completamente invisíveis e inimagináveis; isso leva a crer que o número real das dimensões do espaço-tempo é de dez ou

CASSÉ & MORIN ❦ *Filhos do Céu*

onze. Essas novidades astrofísicas e cosmológicas só podem provocar alegria nos jovens Giordanos Brunos, homens com asas nos pés.[20] Usando suas próprias palavras, como já disse antes, a tendência é decididamente a da diáspora, do descentramento progressivo, da multiplicidade sutilmente única. Da divisão do Um em universos múltiplos, ao estuário dos "pluriversos", para difundir o termo.

No plano afetivo e humano, o universo se lamenta ao se ver separado em indivíduos, assim como os povos perderam a alegria de sua infância. O despertar dos espíritos será o começo de uma nova história do mundo.

As dimensões do futuro

E. M. — Com isso, decididamente, nos encontramos diante desse universo surpreendente. Por um lado, sabíamos que o Sol é mortal, que a vida é mortal e que a humanidade também é mortal, mas, nesse caso, descobrimos que nosso cosmo é que é mortal, ele nasceu e morrerá. Conseqüentemente, temos um mesmo destino, que se mensura por escalas de tempo totalmente diferentes. Por outro lado, permanece essa importante questão sobre a existência de seis ou

---

[20] No original, *"les hommes aux semelles de vent"*, expressão de Arthur Rimbaud (1854-1891) para referir-se a Paul Verlaine (1844-1896). A expressão é generalizada para homens e mulheres que viajam muito. (N.Ts.)

Rumo ao antropo-cosmo

sete dimensões suplementares que podem ensejar os sonhos mais loucos. Não se sabe se essa questão é um enigma que poderá ser decifrado ou um mistério que permanecerá desconhecido.

M. C. — O que se trama, então, nessas dimensões? O alémmundo[21] dimensional encontra-se em vias de investigação. Nesse momento, ele não passa de pura necessidade lógica, como os neutrinos, antes que fossem descobertos.

E. M. — Única certeza que temos, a própria noção de realidade foi afetada pela cosmologia. Afetada e colocada em discussão. Inicialmente, ela se fragmenta em diversos tipos ou níveis de realidade. Ela contém um nível microfísico, um outro, o nosso, que denominamos nível macrofísico, e ainda mais um outro, que poderíamos chamar de nível megafísico ou cosmofísico. Em seguida, há esse vazio, grau de realidade que se encontra na origem de tudo e coloca nossa realidade radicalmente em questão, pois se ele possui alguma realidade, o que resta da nossa? Isso me faz pensar na obra de um Fang Yi Si, esse pensador chinês que, no século XVI, empenhou-se em unificar o pensamento búdico e o pensamento taoísta. Duas idéias particulares se confrontavam: de

---

[21] No original, Arrière-monde. Conceito de Nietzsche que designa os "mundos inacessíveis", tais como o "mundo das idéias" de Platão ou a idéia kantiana de numenal. (N.Ts.)

CASSÉ & MORIN ❧ *Filhos do Céu*

um lado, o *samsara,* o mundo dos fenômenos que tem sua realidade, mas que não é plenamente real; do outro, o *nirvana,* um mundo sem forma, análogo ao nosso vazio, que é plenamente real, embora, de um outro ponto de vista, não possua realidade. O que Fang Yi Si afirma? Que o *samsara* e o *nirvana* são duas polaridades da mesma coisa. De nossa parte, poderíamos afirmar o mesmo a respeito do vazio primordial e do universo material. Afinal, no plano humano, o que significa, então, compreender nossa nova afinidade com o universo, visto que ele também não passa de um pobre mortal? O problema do grau de realidade de nossas vidas, que, para nós, parece ser o que existe de mais real, foi enunciado há muito tempo pelos filósofos e escritores. Observe Calderón[22] na maravilhosa peça teatral *A vida é sonho*, na qual, no final, o herói não sabe mais se sonha ou se está acordado. Examine essa fórmula de Heráclito, cuja densidade sempre me impressionou e que talvez seja uma das mais fortes de toda a biblioteca filosófica: "Acordados, eles dormem." Pressentimos imediatamente a verdade contida nessa formulação, quando pensamos que uma parte enorme de nós mesmos é sonambúlica. Nosso coração funciona sozinho, sem que tenhamos consciência disso. Nosso cérebro — eu mesmo, no momento em que falo com você — funciona automaticamente por meio de miríades de choques sinápticos.

---

[22] Calderón de la Barca (1600-1681). Poeta dramático espanhol. Sua obra-prima, *A vida é sonho*, foi escrita em 1635. (N.Ts.)

Rumo ao antropo-cosmo

Fazemos tantas coisas dessa maneira que Büchner[23] nos define magnificamente em *A morte de Danton*: "Somos marionetes movidas por forças desconhecidas." Além disso, quando sonhamos, não pensamos que sonhamos, retemos dos sonhos apenas um saber subseqüente, ulterior. Nesse caso, não estaremos em uma espécie de *samsara*? O que os místicos vêem em um êxtase sem forma é uma realidade absoluta, mas que, em si mesma, é o vazio. A sensação que depreendo disso é que, para nós, humanos, nossa realidade profunda reside na afetividade, ou seja, no amor, na amizade, no sofrimento, no riso e no sorriso.

M. C. — De acordo com a acusação de Nietzsche contra Platão, somos, efetivamente, alucinados pelo além-mundo,[24] embora, diferentemente do que se possa imaginar, esse além-mundo seja visível. Você mencionava, porém, duas polaridades que, como físico, eu traduziria como a divisão entre a relatividade geral e a mecânica quântica, sem omitir, no entanto, a promessa de religação que também existe entre elas. A perspectiva das seis ou sete dimensões suplementares

---

[23] Georg Büchner (1813-1837). Escritor alemão cujos dramas, de natureza revolucionária, revelam o caráter insondável da condição humana. (N.Ts.)
[24] Os alucinados pelo além-mundo. Item 3 da primeira parte — Os discursos de Zaratustra — da obra *Assim falava Zaratustra*, de Friedrich Nietzsche (1844-1900). Edição brasileira: Friedrich Nietzsche. *Assim falava Zaratustra*, tradução de Eduardo Nunes Fonseca. São Paulo, Hemus, 2002, na qual o referido termo é traduzido por "Dos crentes em além-mundos". (N.Ts.)

CASSÉ & MORIN 🌀 *Filhos do Céu*

deve ser entendida como uma oferenda que é preciso aceitar. Isso porque, segundo suas próprias palavras, a ditadura da simplificação disjuntiva e redutora encontra-se superada.

Conhecer de outra forma

E. M. — Se tudo o que disjunta, ou seja, separa, é tudo o que reduz os conjuntos à sua base constitutiva, denomino isso simplificação. Atualmente, essa forma parece condenada, se bem que possamos encontrar alguns princípios e leis simples que regem nosso universo e são fundadas não sobre um solo ou terra firme, diria eu, mas sobre o vazio, ou, no máximo, sobre a lama. Popper[25] já afirmava que, como teorias, as teorias científicas alicerçam-se sobre pilotis que se apóiam, eles mesmos, sobre essa lama. Toda conquista, a extraordinária conquista do pensamento contemporâneo e que começa com Nietzsche, a quem você acaba de citar, deve-se à descoberta de que não existe um fundamento primordial de toda verdade, um fundamento de certeza. Até a declaração nietzschiana, os pensadores do Ocidente procuraram obstinadamente

---

[25] Karl R. Popper (1902-1994). A filosofia de Popper, o racionalismo crítico, ocupa-se primordialmente de questões relativas à teoria do conhecimento, à epistemologia. Na Áustria, em 1934, foi publicado o seu primeiro livro, *A lógica da pesquisa científica,* que se constituiu em uma crítica ao positivismo lógico do Círculo de Viena, defendendo a concepção de que todo o conhecimento é falível, corrigível e virtualmente provisório. (N.Ts.)

Rumo ao antropo-cosmo

essa verdade em Deus e, mais tarde, vagaram desesperadamente, pois O haviam perdido. Quiseram, então, acreditar que a ciência tinha um fundamento de certeza. Exceto pelas certezas corroboradas pelos fatos, ela mostrou que não podia mais oferecer a certeza fundamental. Todos os grandes filósofos das ciências, como Bachelard,[26] Popper e Lakatos,[27] demonstraram isso.

M. C. — E Gödel[28] por meio das matemáticas.

E. M. — Cá estamos nós, então, num universo sem fundamento e, do ponto de vista conceitual, esse "sem fundamento" assemelha-se extremamente ao vazio primordial e fundamental. Veja bem, e você é o primeiro de nós a saber disso, que podemos pensar e conhecer sem fundamento. A palavra fundamento remete a uma metáfora arquitetural, ontológica, enquanto, no fundo, podemos pensar e conhecer baseados no modelo da sinfonia musical, que não tem mais o senso de realidade, começa com o movimento, desenvolve-se na

---

[26] Gaston Bachelard (1884-1962). Filósofo, autor de uma epistemologia histórica e de uma psicanálise do conhecimento científico. (N.Ts.)

[27] Imre Lakatos (1922-1974). Filósofo das ciências matemáticas, sua obra é considerada como uma das mais importantes contribuições epistemológicas para a filosofia do século XX. (N.Ts.)

[28] Kurt Gödel (1906-1978). Lógico e matemático, autor de duas teorias segundo as quais uma matemática não contraditória não poderia formar um sistema completo, pois a não-contradição constitui um enunciado não demonstrável. (N.Ts.)

orquestração e deixa que os instrumentos respondam uns aos outros. Penso que o saber e o pensamento pertencem a essa ordem. Acredito que é preciso aprender a viver sem fundamento, lição que nos deram Nietzsche, no final do século XIX, Popper e os outros na metade do século XX, e que hoje o cosmo nos oferece. Existe um fundamento sem fundamento.

M. C. — Toda conjectura realista resulta impossível, como ressalta esse verso de Apollinaire[29] que agora me vem à mente: "Construam pontes sobre as águas." Na verdade, a mente renuncia ao absoluto no sentido de que, assim como eu dizia, o que existe absolutamente, absolutamente não existe.

E. M. — Mas diríamos o mesmo, por exemplo, sobre nossos amores? O amor que existe inteiramente para alguém que ama, ou para um casal no qual um ama o outro, esse amor, então, absolutamente não existe?

M. C. — O absoluto do amor reside na renúncia de "si". Ora, esse "si" é um outro.

E. M. — Nesse caso, também, não se requer um absoluto absoluto. Já que falamos de amor, falemos de poesia, pois, para evocar o cosmo, você emprega naturalmente uma lin-

---

[29] Guillaume Apollinaire (1880-1918). Poeta e autor de dramas realistas com forte teor nacionalista. (N.Ts.)

Rumo ao antropo-cosmo

guagem poética. Você não agrega essa poesia ao universo para adorná-lo com uma bela vestimenta, mas, como um revelador, demonstra que o cosmo é fabulosamente repleto dela. Isso talvez nos incitará a fomentar a qualidade poética de nossas mentes, mas ressaltará ainda mais que, quando se trata de compreender, ou melhor, de raciocinar, além dos saberes necessários que já possuímos, obtidos por meio de cálculos e lunetas de observação, que a ressonância poética se impõe. Subentendemos isso quando falamos dessa violência, dessa crueldade e, simultaneamente, dessa religação e das múltiplas afinidades que ocorrem no universo. É necessário manter essa idéia, não para submergir nesse universo e nos dissolver nele, isso não, mas para continuar como humanos, esses seres bastante singulares e curiosos que somos, como dizia Monod, ciganos do universo e, ao mesmo tempo, integralmente seus filhos.

M. C. — Insisto em dizer que é necessário revestir as verdades úteis de formas agradáveis. O que falta à ciência é certa forma de generosidade. A missão do homem de ciência é tríplice: em primeiro lugar, ele deve pesquisar — mas esse é seu ofício —, em seguida, descobrir — mas os caminhos da descoberta são impenetráveis —, e, enfim, afirmar — todos nós deveríamos ser animados pelo instinto profundo de um dever sagrado que é a partilha do tesouro. Só existe tesouro se ele puder ser partilhado. O tesouro mais inestimável não é outro senão o saber. O deslumbramento poético suscitado

CASSÉ & MORIN ❧ *Filhos do Céu*

pelo universo, um deslumbramento ainda compartilhado, pois o céu estrelado não cessa de acender a paixão dos homens que buscam a clareza, é um segredo sobre o qual Van Gogh escrevia a seu irmão Théo:[30] "Isso repete a eterna questão: para nós, a vida é algo inteiramente visível ou só conhecemos um de seus hemisférios? A visão das estrelas me faz sonhar tão simplesmente quanto me fazem sonhar os pontos negros que representam as cidades e vilarejos no mapa geográfico. Por que, me pergunto eu, os pontos luminosos do firmamento seriam menos acessíveis do que os pontos negros sobre o mapa da França?" É preciso dizer mais alguma coisa?

A *natureza humana do mundo*

E. M. — Nesse caso, ainda transparece essa espécie de reciprocidade, de circuito no âmago do espírito, que parte de nós, desse círculo, segue rumo ao céu e retorna dele em nossa direção. Talvez um dos aspectos mais importantes da poesia seja conservar em nós essa capacidade de circularidade,

---

[30] Escritas entre julho de 1873 e julho de 1890, as cartas de Van Gogh (1853-1890) a seu irmão Théo constituem importante e íntimo testemunho de sua personalidade atormentada, que redundou em suicídio aos 37 anos. Edição brasileira. *Cartas a Théo*, tradução de Pierre Ruprecht, Porto Alegre, L&PM, 2007. (N.Ts.)

Rumo ao antropo-cosmo

quando, à noite, ao admirarmos o céu, somos enviados às estrelas, que, por sua vez, nos conduzem de volta a nós mesmos e assim consecutivamente.

M. C. — Atrevo-me a dizer que citar Poincaré,[31] em contraponto, será apenas enfatizar as palavras de Van Gogh. O cientista reforça a palavra do artista quando afirma que o Um encontra-se mais sorridente e cúmplice do que nunca: "A natureza é uma incomparável obra-prima cuja beleza provém do contraste entre a diversidade das aparências e a unidade profunda da realidade subjacente."

E. M. — Eu, no entanto, refutaria esses argumentos afirmando que o ponto central é o Um, que contém ou produz a diversidade. Eu não diria nem que o Um é superior à variedade, que constitui a aparência, como aqueles que fazem classificações e perdem o sentido da unidade, nem que a variedade é mais importante do que o Um. Nós nos encontramos sempre sujeitos a essa espécie de alternativa devido à forma pela qual nos ensinaram a pensar, e isso vem desde a Antiguidade: ou vemos o Um e não enxergamos mais a diversidade ou vemos a diversidade e não enxergamos mais o Um.

---

[31] Henri Poincaré (1854-1912). Matemático responsável pelo estudo das funções de variáveis complexas, da topologia algébrica, da física matemática e da mecânica celeste. Suas idéias são consideradas precursoras das modernas teorias do caos. (N.Ts.)

CASSÉ & MORIN 🌀 *Filhos do Céu*

Na realidade, é preciso estabelecer o Um múltiplo, a *unitas multiplex*. Esse é o mistério de nosso universo, totalmente um e, no entanto, múltiplo.

M. C. — Ele é *omniversum*.

E. M. — É exatamente isso.

M. C. — Ele é, portanto, uno e múltiplo.

E. M. — Ele é simultaneamente uno e múltiplo.

M. C. — Para mim, porém, a questão é saber por que existe apenas um 2. Se 2 é igual a 1, então 2 e 2 não perfazem 4.

E. M. — Não sou capaz de responder a essa questão.

M. C. — Nem eu.

E. M. — Apesar disso, Dostoievski observava que o fato de que 2 e 2 são sempre 4 o aborrecia e que a idéia de que 2 mais 2 pudesse ser 5 lhe parecia algo encantador. No entanto, foi Lautréamont quem exaltou a beleza das matemáticas — "Ó matemáticas rigorosas" — e deixou toda uma página lírica a esse respeito. A poesia também não deve ser considerada como uma entidade separada. Existe uma poesia, a

Rumo ao antropo-cosmo

poesia profunda da matemática. Contemplemos a poesia em todos os lugares em que ela se encontra e, sobretudo, alimentemos a poesia em nós como substância vital; já experimentamos a prosa suficientemente nas atividades que nos aborrecem, que nos são fastidiosas, que fazemos por obrigação e para sobreviver. Sobreviver, porém, não é viver. Viver é viver poeticamente, e isso, talvez, contenha uma mensagem cósmica.

M. C. — Para acompanhar o sentido do que você diz, eu perguntaria: qual é o oceano no qual o vazio é a praia? A carne invisível e fluida do cosmo jaz sem imagem; não deixemos o grande corpo invisível do cosmo sem sepultura. Mesmo se respondemos de maneira diferente a essa questão pura. Thibault Damour[32] e Jean-Claude Carrière[33] abriram as novas portas do espaço multidimensional para um maior número de pessoas. Marc Lachièze-Rey[34] retomou o discurso sobre o lado de lá do espaço-tempo. A tendência de Jean-

---

[32] Thibault Damour (1951-). Físico teórico francês. Professor do Instituto de Altos Estudos Científicos (IHES) desde 1989, especialista em relatividade geral e na teoria das cordas. (N.Ts.)

[33] Jean-Claude Carrière (1931-). Escritor, cenógrafo e diretor de teatro francês. (N.Ts.)

[34] Marc Lachièze-Rey (1950-). Físico teórico e astrofísico, diretor de pesquisas no CNRS. Suas áreas de pesquisa são a cosmologia, a gravidade, a física teórica (em particular a matéria escura) e suas ligações com a teoria quântica. Interessa-se particularmente pela natureza do espaço e do tempo. (N.Ts.)

CASSÉ & MORIN · *Filhos do Céu*

Pierre Luminet[35] e Roland Lehoucq[36] é fechá-lo novamente sobre nós. Finito e infinito possuem seus partidários. Cada homem, porém, permanece um herói solipsista.

E. M. — Sua imagem não é apenas soberba, mas ela parece fazer parte dessa mensagem.

Celebração da ciência

M. C. — Restam estas palavras de Nietzsche, ainda ele, que lhe dirijo como uma última interrogação: "Afirmar que tudo retorna implica aproximar ao máximo o mundo do devir ao mundo do ser, um signo da contemplação." Por que eternizar, que sentido pode envolver a vontade de eternizar?

E. M. — Tempo rotativo ou tempo linear? Vivemos os dois, e não apenas nós. A Terra gira em torno de si mesma, seu movimento é rotativo, ela gira em torno do Sol, seu movi-

---

[35] Jean-Pierre Luminet (1951-). Astrofísico, conferencista, escritor e poeta francês, especialista de reputação mundial em buracos negros e na cosmologia. É diretor de pesquisas do CNRS. (N.Ts.)

[36] Roland Lehoucq (1965-). Cientista no Serviço de Astrofísica do Comissariado de Energia Atômica (CEA) de Saclay, é um dos especialistas franceses em topologia cósmica. Em sua obra *La Physique de Superman* [A física do Super-Homem], ele demonstra, com a ajuda dos saberes atuais da física, da química e da fisiologia, como o super-herói deveria ser constituído para conseguir salvar o mundo. (N.Ts.)

Rumo ao antropo-cosmo

mento é rotativo; simultaneamente a esses tempos rotativos, ela vive, também, o tempo linear. Uma civilização participa igualmente do tempo rotativo por meio das estações, das festas, das cerimônias e dos aniversários, mas esse tempo rotativo acelera o funcionamento do tempo linear, que ela vive igualmente. Não podemos opor um ao outro. Mas é possível duvidar disso e, mais ainda, de que a rotação controla tudo e de que seja eterna. Na verdade, é preciso inverter a proposição nietzschiana e afirmar que o tempo irreversível é capaz de produzir rotações que, de alguma maneira, alimentam e dão vida ao que, de outra forma, se dispersaria no mesmo instante. Se na origem é uma catástrofe, à qual, de qualquer maneira, vocês dão o nome de cólera do vazio, é preciso considerar, então, o fato de que, sem demora, das profundezas dessa catástrofe, surgem os esforços para tentar acalmá-la e corrigi-la. Essas tentativas de acalmá-la e corrigi-la são, evidentemente, as extraordinárias leis do universo, as interações, as religações, as contrações gravitacionais e as estrelas que vivem, elas mesmas, em um tempo rotativo. Dito de outra forma, tudo o que tenta viver, que tenta existir, ou seja, tenta lutar contra a morte, vive num tempo rotativo. Nossa tendência, porém, tem sido sempre a de esquecer que o tempo é irreversível. Os astecas viveram no tempo rotativo, mas, quando os conquistadores espanhóis chegaram, o tempo irreversível destruiu sua civilização e decretou seu fim.

CASSÉ & MORIN 🌀 *Filhos do Céu*

M. C. — Mas, por isso, o tempo irreversível não anula esse desejo de eternidade que nasce da contemplação das estrelas. Deixo aos filósofos a preocupação de discorrer sobre o tema. Não obstante, e nosso diálogo demonstra que você mesmo, meu caro Edgar Morin, se convenceu disso, eu romperia com satisfação o círculo da metafísica ao ter o bom senso de considerar uma vez, e somente uma, que, ao nos abrirmos para a celebração do *antropo-cosmo,* a física transcende a metafísica.

POSFÁCIO

Na seqüência de nossos primeiros encontros em Beychevelle, este livro pretende ser, antes de mais nada, um banquete. Fiquei feliz em reencontrar em Edgar Morin o mais erudito dos convidados, vigilante e guardião de seu tempo, e de recolher de suas palavras reflexões que as soluções cosmológicas suscitam para enigmas tão velhos quanto as civilizações. Juntos, mergulhamos na corrente cosmológica. E, como se estivéssemos de saída do banho, sob as oliveiras perfumadas de um antigo verão, discorremos sobre as estrelas.

Como vimos, o céu-cosmo é ressonância de questões imemoriais: a própria criação foi feita de uma vez por todas e toda ela de uma só vez? Como o Um se fragmentou numa inumerável quantidade de partes? Existem vestígios do Um neste mundo em que vivemos? O que havia antes do big-bang? O universo é finito ou infinito? Sua expansão prosseguirá sem nenhuma interrupção? A morte térmica do universo é inelutável ou não? O cosmo é único?

Mas, de todas essas questões, uma em particular foi indispensável para ajudar-me nesse caminho de volta. Ao se referir por duas vezes ao ritual asteca dos sacrifícios humanos dirigidos ao Sol, Edgar Morin não propunha que eu determinasse se a morte térmica do universo é ou não inelutável? Uma interrogação das mais modernas ia de encontro a uma angústia das mais arcaicas. As reflexões que se seguem, entretanto, tratam menos de responder a uma ou a outra pergunta do que circunscrever um campo de pesquisas.

Em primeiro lugar, a questão do buraco negro. Ele é um mundo, um cosmo camuflado? Não estou longe de pensar assim. Mas não sei nada a esse respeito. Um buraco negro no meu conhecimento. Quanto ao próton, ele é um mundo? Não resta dúvida de que há o mundo num próton: quarks, glúons, partículas mensageiras em relações complexas... Podemos chamar um próton de cosmo? O próton compartilha com o cosmo o mesmo espaço-tempo e as mesmas influências (forças). Próton é, portanto, fragmento do cosmo. Podemos dar uma definição mais exata do conceito? Com certeza.

Um *cosmo* é definido como espaço-tempo, composto de certo número de dimensões, campo de atividade de uma série de partículas elementares de identidade precisa, subordinadas a forças determinadas, elas mesmas transportadas por partículas auxiliares. Nosso cosmo pode ser caracterizado

Posfácio

pela seguinte lista: três dimensões de espaço, uma de tempo; três famílias de partículas das quais apenas uma é viável, cujos membros formam duplas (quarks u e d, neutrino e elétrons). Verdadeiras pedras de construção do mundo, a relação entre essas partículas ocorre por meio de quatro forças diferenciadas que, num passado longínquo, talvez não perfizessem duas, ou mesmo uma, e cujos agentes são os fótons, os glúons, os bósons intermediários e os hipotéticos grávitons.

A entropia é uma medida do número de estados microscópicos possíveis numa dada energia. Assim, se uma única entidade (campo ou partícula) concentra toda a energia, a entropia é baixa. Se, em contrapartida, ela se divide para formar uma multidão de partículas, a entropia é alta. Esse aumento de entropia (transformação do Um em múltiplo) parece prevalecer na totalidade do universo observável. O Sol fornece a prova mais fantástica desse tipo de argumento: a energia emitida sob a forma de raios gama por intermédio das reações nucleares emerge na superfície do astro sob a forma de uma multiplicidade de corpúsculos de luz que são captados pelos olhos. Portadores de uma energia muito alta, os raios gama, por assim dizer, se dividem em múltiplos fótons visíveis. Por causa disso, a entropia aumentou.

Quanto mais elevado o número de partículas, mais elevada é a entropia. Em um sistema fechado, sem relação com o exterior, cujo exemplo mais real é o próprio cosmo, ela é condenada a permanecer constante ou a aumentar. Ela não decresce jamais; em resumo, esse é o segundo princípio da termodinâmica. A energia cai vertiginosamente para assumir formas cada vez mais insignificantes, cada vez menos utilizáveis.

A ordem se constitui naquilo que brilha: na verdade, a luz transporta a desordem para longe. E o objeto brilhante estrutura-se interiormente.

Um buraco negro é um poço no qual a informação se perde: toda estrutura minuciosa e complexa das coisas que ele absorve, flores, copos de cristal, cavalos, porta-aviões, é transformada numa massa indistinta, indecifrável. Qualquer matéria engolida bruscamente por um buraco negro perde seus atributos distintivos. Em contrapartida, o buraco negro expele fótons de alta entropia, isso se acreditarmos em Hawking.[37] A informação que se perde num buraco negro é proporcional à superfície de seu horizonte (esfera de não-retorno $= 2GM/c^2$). A fórmula do raio do horizonte de um buraco negro é apenas mais difícil de guardar na memória do que $E = mc^2$, que recitamos como um pequeno poema. Ele é igual a duas vezes o produto da constante da gravidade universal (G) pela massa do buraco negro dividido pelo quadrado da velocidade da luz. A título de aplicação numérica, tomem a massa do Sol ($2 \cdot 10^{33}$g) e vocês obterão um raio de três quilômetros.

---

[37] Stephen William Hawking (1942-). Doutor em cosmologia, é um dos mais consagrados físicos teóricos do mundo. (N.Ts.)

Posfácio

A informação engolida pelo buraco negro é proporcional à superfície da esfera de não-retorno (horizonte). Essa superfície é, então, uma medida de sua entropia. Quando dois buracos negros se chocam, eles se fundem para formar um único buraco negro, cujo horizonte é superior à soma dos horizontes iniciais. Podemos facilmente verificar esse fato.

A massa do buraco negro resultante desse choque é igual à soma dos buracos negros individuais $M = M_1 + M_2$; o raio do horizonte final é proporcional a M, ou seja, $(M_1 + M_2)^2$, que é maior do que $M_1^2 + M_2^2$. Percebemos imediatamente que a superfície do horizonte do buraco negro, formada pela reunião dos dois buracos negros individuais, é superior à soma das superfícies de seus horizontes. Desse modo, apesar da entropia, a superfície do horizonte dos buracos negros não pode decrescer. Um buraco negro nunca pode dividir-se em dois, pois, se isso ocorresse, a superfície total do horizonte diminuiria. O que inferimos a partir disso é que essa superfície é uma medida da entropia. Para além desse simples argumento, o pensamento se torna nebuloso. Apesar dos esplêndidos avanços imputáveis à teoria das supercordas, a suspeita pesa sobre o valor da entropia dos buracos negros e, portanto, da entropia do universo que os contém.

Permaneço em dúvida a respeito do fato de se conferir uma entropia ao horizonte imaterial dos buracos negros. A partir do momento em que os eliminamos do discurso, em que abolimos sua obscuridade conceitual, a situação se esclarece.

CASSÉ & MORIN 🌀 *Filhos do Céu*

O cosmo mudou de aspecto várias vezes e isso ocorreu de maneira radical. No começo de tudo, há muito tempo (14,7 bilhões de anos), ele era constituído por um campo muito puro que viveu de maneira fugaz, V, o Vazio quântico; depois disso, uma mistura compacta de partículas tomou o seu lugar e restaram juntas apenas as mais leves, os fótons e neutrinos, e, como grãos de pimenta, os núcleons e elétrons. A imensa energia liberada pela desintegração do vazio primordial (Λ) (falso vazio cujas metamorfoses deveríamos exaltar) é encontrada hoje sob a forma de fótons e neutrinos cósmicos congelados pela expansão do universo. O que não quer dizer que eles governem o destino do universo, pois, atualmente, sua densidade de energia é ínfima em relação à da matéria negra e à da quintessência (energia negra). Eles constituem, entretanto, a quase totalidade da entropia do universo observável. A irradiação cosmológica fóssil e o fundo de neutrinos fantasmas, que hoje nos parecem tão insignificantes, são os vestígios da energia inimaginável que existiu no universo primordial, enquanto a matéria, que tanto nos impressiona, é o resultado de uma ínfima diferença de comportamento (entre matéria e antimatéria e que se transformou em prejuízo desta última) que, naquele tempo, não tinha nenhuma importância.

O número de fótons e de neutrinos, partículas leves e estáveis, é constante, ou pouco significativo, mas sua energia (comprimento de onda), não. O comprimento de onda se alonga em sincronia com a expansão do espaço. Se bem que,

Posfácio

se invertemos a flecha do tempo, a energia por centímetro cúbico dos fótons e neutrinos de espaço aumenta a ponto de dominar todas as outras. No começo de tudo é a luz, o que restará no fim?

Uma teoria da gênese, seja ela a do big-bang, exige necessariamente uma teoria do apocalipse e do fim dos tempos. Dito isso, para entabular o diálogo a respeito do fim, retornemos à sempiterna questão da *entropia do universo* e de sua *morte térmica*.

Precisemos primeiramente os termos. Como já disse, a entropia é uma medida do número de maneiras de ser de um sistema físico isolado, portador de uma dada energia. Quanto mais o sistema se atomiza e se divide em objetos distintos, quanto mais elevada é sua entropia, mais ele pode assumir configurações microscópicas variadas sem modificar sua aparência exterior. Os físicos comumente associam a noção de entropia à de desordem.

Morte térmica significa uniformidade de temperatura e cessação de qualquer atividade criativa no cosmo, uma vez que as diferenças de temperaturas (gradientes) são necessárias para que a evolução prossiga. Assim, se o céu fosse tão quente quanto as estrelas, estas últimas não emitiriam nenhuma luminosidade. Ora, para uma estrela, brilhar é uma necessidade absoluta.

As questões do apocalipse ou da morte lenta aferentes ao universo, dessa vez, foram tratadas por mim sem grande convicção, pois continuo agnóstico em relação à noção de

CASSÉ & MORIN ❦ *Filhos do Céu*

entropia aplicada a objetos muito especiais (e um pouco aparentados) que são o universo e o buraco negro. Não podemos dizer nada de sensato sobre a entropia do cosmo? Podemos afirmar muitas coisas, talvez coisas demais. A linguagem se equivoca, esse é o ponto crucial da questão.

Em primeiro lugar, sem grande risco de cometer algum equívoco, podemos enunciar a seguinte posição: o número de fótons no cosmo é uma medida da entropia do universo observável (se, pelo momento, colocamos os buracos negros de lado) que permanece constante, ou quase muito constante. O que significa que o cosmo atingiu seu estado de equilíbrio definitivo, no qual ele está morto (ou quase) desde seu nascimento, ou, mais precisamente, desde o fim da inflação cosmológica, quando todas as partículas foram criadas.

Nessa linha de argumentação, poderíamos afirmar que o cosmo é quase morto, pois a entropia acrescentada pela irradiação das estrelas e dos buracos negros é negligenciável em relação àquela contida em seus fótons e neutrinos originais, oriundos da transmutação do Vazio primordial, pai de todas as coisas, em partículas.

Uma outra posição possível é a seguinte: a matéria e a irradiação possuem uma temperatura que declina de modo diverso em função do fator de escala que mede a extensão do universo sob o efeito da expansão ($1/R^2$ e $1/R$, respectivamente). Por isso, não pode haver ali uma temperatura única para os dois componentes. Conseqüentemente, nem

Posfácio

equilíbrio térmico. De qualquer modo, é inútil esperar por uma morte térmica que nunca ocorrerá.

Apesar de minha prevenção, a perspectiva mais estimulante e, talvez, a mais pertinente reside na aplicação da lei da termodinâmica dos buracos negros ao universo. Essa associação pode parecer estranha, mas ficamos surpresos quando constatamos que mesmo que o universo não seja um buraco negro, não está longe de sê-lo. O raio do universo observável é próximo ao do horizonte de um buraco negro de massa semelhante, próximo de um fator 2 (façam vocês mesmos o cálculo). Atribui-se ao horizonte uma entropia proporcional à sua área.

A analogia entre superfície do horizonte e entropia nos conduziu a isto: nem uma nem a outra podem decrescer. Quando dois buracos negros M_1 e M_2 se fundem, a superfície de seu horizonte (proporcional ao quadrado da soma das massas) é superior à soma das áreas dos horizontes individuais (proporcional à soma dos quadrados das massas).

Essa semelhança de comportamento levou Jacob Bekenstein a generalizar a segunda lei da termodinâmica e a promulgá-la da seguinte maneira: *a soma da entropia dos buracos negros e da matéria exterior não decresce em nenhuma circunstância*. Essa lei assume uma forma mais precisa depois da descoberta de Hawking, segundo a qual um buraco negro se propaga numa temperatura inversamente proporcional à sua massa. Constatamos o fato de que o buraco negro não é nem um buraco nem é negro, mas cinza nas bordas. Sem demora, porém, mudamos o tom dessa argumentação; a entropia calculada de um buraco negro de massa solar (três quilômetros de extensão) atinge o extravagante índice de 10^{78}, o que nos faz recuar de medo!

Essa, contudo, não é a única dificuldade. Tudo aquilo que cai num buraco negro perde seus atributos distintivos. O desconhecimento se amplia, a informação se perde, a entropia aumenta... mas isso deve ser corrigido a partir do momento em que passamos a admitir, como Hawking o fez, que os buracos negros começam a se propagar quando um elemento quântico é introduzido em sua descrição. Se, entretanto, esses objetos se propagam e perdem massa, então o raio de seu horizonte (que é proporcional à massa) se desfaz, e, nessas condições, o que eles têm em seu interior deve reaparecer à luz do dia. Mas quando?

Buraco negro no conhecimento, dizia eu, ao entabular essas reflexões que não possuem os atributos de um tratado, mas pretendem sugerir a complexidade de um questionamento. E, então, fecham-se as cortinas? Claro que não. Como me esforcei em demonstrar, o universo, seja ele finito ou não, só pode ser fonte de inspiração para que nós, os filhos do céu, realizemos infinitas conversas. O universo é verbo. Permanecemos no mundo, por mais longe que a viagem nos conduza para dentro e para fora dele.

Michel CASSÉ

Impresso no Brasil pelo
Sistema Cameron da Divisão Gráfica da
DISTRIBUIDORA RECORD DE SERVIÇOS DE IMPRENSA S.A.
Rua Argentina 171 – Rio de Janeiro, RJ – 20921-380 – Tel.: 2585-2000